J'irai dormir chez vous

Logo du Flip Book : Caroline Douteau
Graphisme : offparis.fr Olivier Fontvieille / Murielle Soulier
Cartographie : Anne Douat
Illustrations, sélection iconographique et Flip Book :
Christophe Bourges / tofbourges.free.fr

ISBN : 978-2-7324-4699-8

Antoine de Maximy
Avec la collaboration d'Ariane Allard

J'irai dormir chez vous

Carnets d'un voyageur taquin

Éditions de La Martinière
Bonne Pioche

Être,
ou ne pas être invité à dormir,
telle est la question.

Sommaire

J'irai dormir chez Antoine

Une chemise rouge, un culot monstre, un drôle de dispositif vidéo : depuis 2004, Antoine de Maximy, reporter enjoué et flâneur taquin, raconte le monde comme personne. À la télévision d'abord, à travers sa série *J'irai dormir chez vous*, qui compte désormais trente-cinq épisodes, et puis au cinéma, en 2008, avec un documentaire en forme de *road movie*, *J'irai dormir à Hollywood*. La démarche, subjective et assumée comme telle, détonne tellement qu'une nouvelle expression a fleuri pour désigner cet étonnant voyageur : « globe-squatter ». Elle est restée : c'est dire, au fond, si l'on en avait besoin...

Parcourant la planète en s'invitant chez les autres, cet homme-orchestre, trilingue approximatif, a le chic, de fait, pour tisser du lien n'importe où. Blagueur, curieux et tenace : tel est le mélange peu ordinaire qui lui permet d'avancer, auquel s'ajoutent trois minicaméras et... un nombre incalculable d'engins à deux, trois ou quatre roues ! En toute logique – mais encore fallait-il y penser –, ses chemins buissonniers rassemblent depuis sept ans, via la petite lucarne ou le grand écran, un large public, de tous les âges et de tous les milieux. Un public surpris, attendri ou hilare, qui reste aux aguets, comme lui et avec lui, puisqu'en parlant à ses fameuses paluches, Antoine parle à chacun d'entre nous.

Sans doute parce que, du Mali à Hawaii, de la Finlande à l'Iran, du Japon à Cuba, ou du mont Saint-Michel à Sydney, ce filmeur solitaire réinvente la plus périlleuse des aventures : rencontrer les gens. Et que cela fait du bien à tous, même par procuration. Mais aussi parce qu'à travers ces routes multiples, choisies au hasard, sans frontières ni limites, se révèle un regard aussi bienveillant qu'aguerri. Le sien. Et que cela fait rêver, aussi.

Flip Book
Feuilletez rapidement l'ouvrage et Antoine s'animera

Marchés de Paris

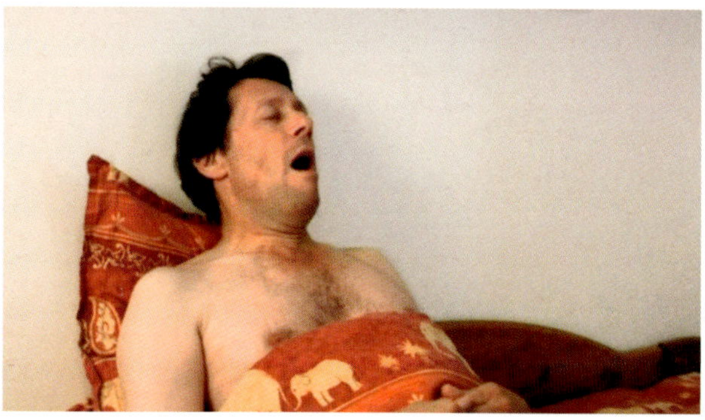

Parcourant la planète en s'invitant chez les autres, ***cet homme-orchestre,*** *trilingue approximatif, a le chic, pour tisser du lien n'importe où.*

Bien avant de croiser ce couple de bergers sur l'île d'Astypalea, en Grèce, ou le vieux Tong dans le village de Ban Lung, au Cambodge – deux des moments forts de *J'irai dormir chez vous* –, Antoine de Maximy a nourri sa vie d'expériences peu communes depuis l'âge de vingt ans. Tour à tour ingénieur du son, cameraman, reporter de guerre, réalisateur et présentateur de télévision, il a plongé en sous-marin au fond du Pacifique, dormi tout en haut des arbres en Amazonie, filmé des singes en Afrique, survolé des pyramides mexicaines en montgolfière et crapahuté dans le cratère d'un volcan en activité au Congo. Entre autres...

Autant de sillons qui l'ont abondamment instruit, sur lui-même et sur les autres, et lui ont permis, un beau jour de 2003, de débouler avec son curieux attirail sur un marché parisien, à Belleville, alors que personne n'y croyait – pas même lui – puis, quelques mois plus tard, de s'envoler pour Bamako, au Mali. Le début de cette épopée souriante, unique en son genre, qu'est *J'irai dormir chez vous*... Une belle histoire qui continue aujourd'hui.

Ce livre, construit comme un carnet de voyage amusé et coloré, revient, en images et en paroles, sur chacune des destinations de cette série et chacun de ces films. Détaillé et décalé à la fois, fourmillant d'anecdotes inédites, il ressemble à Antoine : il donne à voir son monde... autrement.

Arianne Allard

Pourquoi j'ai commencé par le Mali. **Pourquoi** je voulais tout filmer au début. **Pourquoi** j'ai dû mettre une bonne séquence à la poubelle. **Pourquoi** ce pays m'a tant appris.

Mali

J'irai dormir chez vous

Le Mali, c'est le premier numéro de la série. Le baptême du feu, en quelque sorte ! Nous sommes en septembre 2003 et, lorsque je décolle pour Bamako, je n'en mène pas large. Je suis au pied du mur, un mur que j'ai construit sans trop savoir si je pourrais le franchir… Cette histoire commence quelques mois plus tôt, lorsque l'idée d'aller seul à la rencontre des gens de tous les pays me semble être une évidence. Grâce à un assemblage unique de minicaméras, je compte me filmer, ainsi que les gens que je rencontrerai, sans être accompagné d'aucune équipe de tournage. Mais mon accoutrement est tellement inhabituel, pour ne pas dire ridicule, que je ne sais absolument pas quelles réactions il va provoquer. Je décide donc de faire des essais dans un marché parisien. Pour être tout à fait honnête, ce jour-là, je n'y vais que pour être sûr… que cette idée est stupide ! C'est dire à quel point j'y crois !

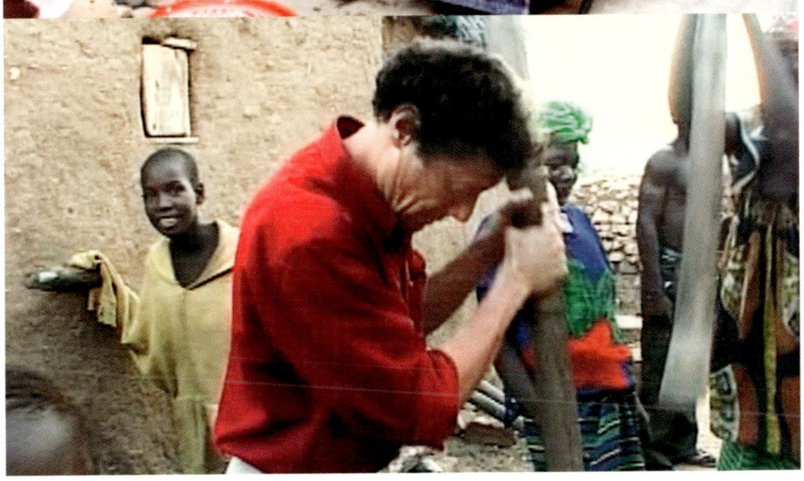

Pourtant, sur place, c'est la surprise. Bien sûr, les gens regardent mon équipement au début, mais dès que j'engage la conversation, ils n'y font plus vraiment attention. Je me souviens du premier type que j'ai abordé. Il est en train de ranger des cageots. Quand il me voit, il s'interrompt et se demande probablement quel est ce zèbre devant lui ! Je lui dis la première chose qui me passe par la tête : « C'est qui, le plus rigolo du marché ? » Et c'est parti ! On discute, on rigole. Il oublie complètement la caméra. À la fin des essais, je glisse même une petite conclusion : « Je me baladerais avec un gyrophare sur la tête, ça serait pareil ! » C'est inespéré ! Du coup, lors d'un deuxième essai, j'ai l'idée de me faire inviter chez une dame. Elle accepte ! Il faut toujours chercher à aller plus loin…

À l'époque, je suis en montage d'un documentaire comme je les aime. Une expédition scientifique exceptionnelle dans un volcan au Congo. Nous sommes descendus dans le cratère en activité pour récupérer des échantillons de lave. On y a même dormi avec des masques à gaz !

Le film est produit par Bonne Pioche. C'est la deuxième fois que je travaille avec eux, et j'aime bien leur manière de fonctionner : sérieuse mais pas académique. Je leur parle de mon projet. Au début, les trois producteurs sont très dubitatifs, mais au vu des essais, ils se laissent convaincre.

Pour eux, toutefois, c'est une émission à tourner en France, alors que je pense au contraire aller dans tous les pays. D'emblée. Car je subodore que si je tourne en France et que ça marche, un autre transposera certainement le concept à l'échelle planétaire. Alors, autant prendre la place tout de suite ! De toute façon, je n'ai pratiquement jamais tourné de films en France.

Très vite, en fait, la question du pays se pose. Où aller ? Je penche pour le Mali. Ce pays a plusieurs atouts. D'abord, j'y suis déjà allé deux ans auparavant, pour filmer une pêche

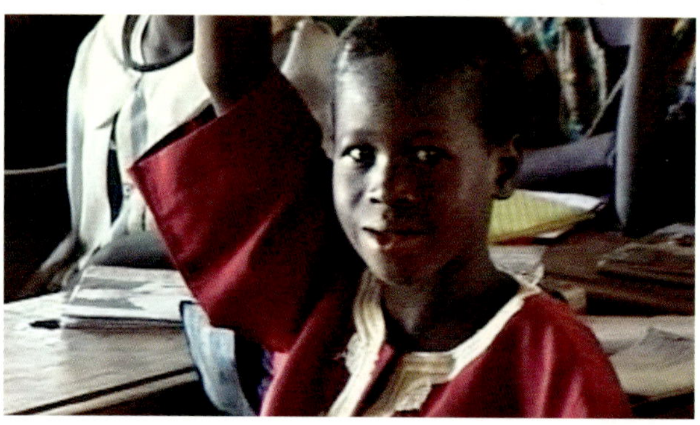

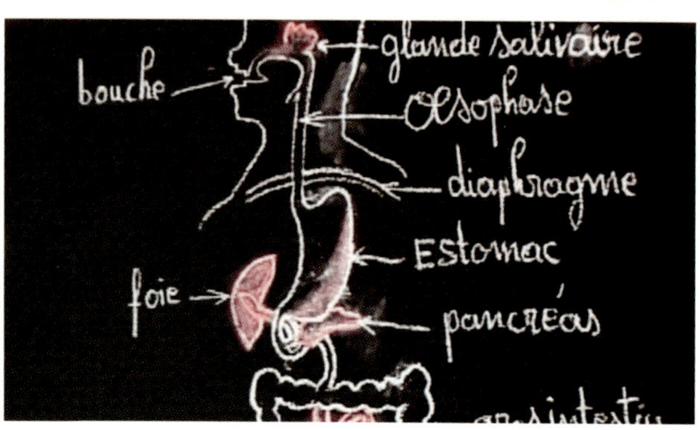

traditionnelle en pays dogon. Ensuite, le pays est exotique. C'est plus facile de réussir le film: avec le dépaysement, le spectateur risque moins de s'ennuyer. En outre, les Maliens sont généralement souriants, gais et accueillants. Enfin, dernier avantage: c'est un pays francophone, ce qui facilitera grandement les choses.

Et voilà comment je me retrouve à Bamako, ce jour de septembre 2003. Dès le lendemain, il faut que je commence à filmer, mais je n'ai pas le courage de sortir de l'hôtel. Tout est bon, en fait, pour retarder le moment fatidique... Je mets plusieurs heures à préparer le sac, installer les caméras et les câbles. Bref, j'ai peur. Peur de ne rien rapporter.

En fin d'après-midi, je me décide pourtant à sortir. Je me promène pendant deux heures et je rentre. Je visionne immédiatement mes images. Il ne s'est pas passé grand-chose, juste la vie. Mais ça se regarde avec plaisir. Et c'est très encourageant.

Le lendemain, je prends un bus pour Mopti, dans le centre du pays. Pour voyager, j'ai rangé les paluches et il ne me reste que la caméra de poing. Je m'énerve parce que je rate des séquences. Mais je ne peux pas filmer en trimbalant toutes mes affaires.

Pour ce premier essai, je veux mettre toutes les chances de mon côté : si le projet capote, je n'aurai rien à me reprocher. J'ai donc prévu d'aller dans le pays dogon, au pied de la longue falaise de Bandiagara. Ce sont de petits villages avec des huttes couvertes de chaume, certaines minuscules, servant de grenier à grain. C'est extrêmement joli mais relativement touristique.

Autant dire que je décide de partir du côté... où les touristes vont rarement, bien sûr. Moyennant finances, un jeune Malien accepte de m'emmener à moto. Il est plus ou moins guide et parle assez bien le français. La température frise les 40 °C. Caniculaire! On va dans un village au hasard. C'est là que je rencontre Sélim, qui accepte de m'accueillir.

Mon guide comprend que l'on va passer la nuit par terre et que l'on va manger de la bouillie de mil avec Sélim. Pas content, il veut rentrer et m'abandonner ici. Je me fâche et menace de ne pas le payer. Avant de partir, j'ai été clair avec lui, mais il a pensé que je changerais d'avis et que l'on irait dans un hôtel des environs. Je lâche du lest en lui donnant un peu d'argent pour qu'il aille s'acheter un poulet rôti à quelques kilomètres de là. Pour moi, ce soir, c'est de la bouillie. Ce n'est pas bon, mais je veux m'intégrer!

Par ailleurs, le tournage au Mali est aussi celui de l'apprentissage de la technique: je filme sans regarder dans un viseur et je dois régler l'exposition de la lumière à l'estime. Le tout en discutant avec les gens. Un peu compliqué, tout de même! Alors je fais parfois des erreurs: je tourne la bague de diaphragme dans le mauvais sens, ou bien les caméras se sont décalées et ne visent plus au bon endroit. Bref, il y a quelques ratés. Comme la pile du micro qui tombe en panne sans que je m'en aperçoive. À cause de ça, une belle séquence partira à la poubelle. C'est celle du jeune gars rencontré dans la rue qui prend des images avec une boîte de conserve en guise d'appareil photo. Pas d'objectif, mais un trou d'épingle pour laisser entrer la lumière et une feuille de papier photo placée en face, en arc de cercle dans la boîte. Et ça marche! Il me fait la démonstration et la séquence est très sympa. De retour à Bamako, je visionne et patatras! Pas de son. Je suis vert. J'envisage

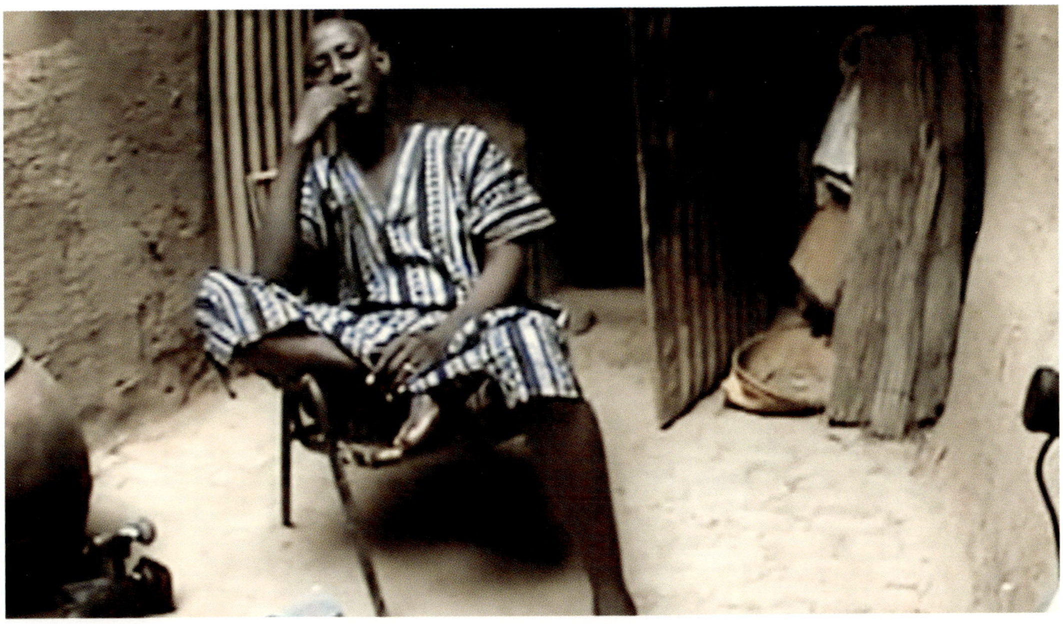

même de refaire les huit heures de car en sens inverse pour recommencer la séquence. Mais je dois rentrer en France… pour repartir pour le Congo quelques jours plus tard pour des raccords sur le film du volcan. Je me fais donc une raison. Douloureusement. Et je me promets d'être encore plus méthodique la prochaine fois.

Ce premier épisode m'apprendra également que les limites du concept sont bien plus loin que je ne le pensais. Pour preuve, la séquence qui se déroule sur la pinasse, ce grand bateau à fond plat que l'on voit dans le film. Plusieurs personnes vivent à bord et dorment à même le sol. Aucune ne parle un mot de français. Je réussis à embarquer avec ces hommes mais je ne sais pas où ils vont. Après une courte navigation, je les quitte au port de Mopti. J'explique à la caméra que je n'arrive pas à communiquer et que je ne peux pas partir plusieurs jours sans savoir où je vais.

Or, au montage, je m'aperçois que j'ai eu tort. J'aurais dû aller plus loin. Quand je montre le film à des gens de France 2 pour essayer de le leur vendre, ils font la même erreur, arguant qu'il faut pouvoir communiquer pour rapporter des séquences intéressantes. Alors que non, justement ! C'est même souvent le moment où cela devient passionnant, cette difficulté dans l'échange. Cela se vérifiera plus tard dans d'autres épisodes…

Le Mali en quelques chiffres

Nombre de langues parlées au Mali : 56
Production de mil : 1,2 million de tonnes en 2010
Production de viande de poulet : 40 252 tonnes
Longueur des falaises de Bandiagara : 200 km
Chiffre sacré de la culture dogon : le 8

Pourquoi *j'ai voulu foncer dans le Grand Nord.* **Pourquoi** *cela a failli très mal tourner.* **Pourquoi** *je n'ai pas gardé grand-chose de Montréal.* **Pourquoi** *Robert à Sutton, Ginette à Mont-Saint-Pierre et Luc à Mont-Louis ont été, chacun, un cadeau pour moi.*

Québec

J'irai dormir chez vous

Dès le deuxième épisode, je souhaite faire le grand écart. Il faut que l'on voie la richesse de la série le plus vite possible. Après le Mali, le Québec me semble parfait. Contrairement au Mali qui est chaud, peu développé et exotique, le Québec est froid – du moins en avril –, riche, et... pas exotique du tout ! En outre, j'y suis déjà allé trois ou quatre fois, notamment pour une opération survie au nord du Saint-Laurent. Nous sommes en 2004, la production – Bonne Pioche – est dans une situation délicate. Le tournage du long métrage ambitieux *La Marche de l'empereur* a mis les producteurs au bord du gouffre. Ils veulent essayer de trouver de nouveaux financements avant de me laisser repartir en tournage. Effectivement, seule la chaîne Voyage nous a suivis. France 2, qui avait coproduit le Mali, a jeté l'éponge. Il est urgent de trouver d'autres diffuseurs.

Moi, en revanche, ces histoires de sous ne m'arrêtent pas. Ils n'ont pas pu me payer sur le Mali et je sais qu'ils ne pourront pas me payer non plus pour le Québec ? Qu'à cela ne tienne : seule la série m'importe !

Je veux partir tout de suite. Pour cela, j'arrive à me faire offrir le billet par l'office de tourisme du Québec : ma détermination achève de les convaincre.

Le 1er avril 2004, je m'envole pour Montréal. Je file directement à Inukjuak, dans le Grand Nord. Il fait -15 °C. Normalement, lorsque j'arrive quelque part, la première chose que je fais, c'est de poser mes affaires à l'hôtel. Ensuite, seulement, je cherche à rencontrer les gens. Mais ici, il n'y a pas d'hôtel. Heureusement, j'ai réussi, après un certain nombre de coups de fil passés de Paris, à trouver un Québécois pour m'accueillir, moyennant finances. En sortant de l'avion, je découvre qu'Inukjuak est carrément le bout du monde !

De prime abord, on pourrait dire que la ville est moche... En fait, elle est surtout extraordinaire, au sens premier du terme. Des rangées de maisons à deux étages, ressemblant à des hangars en bois, toutes identiques, bien alignées. Seuls quelques bâtiments diffèrent : les deux centres commerciaux, bien cubiques comme chez nous, le temple protestant, et surtout la patinoire. C'est tout.

Je suis complètement dépaysé. L'endroit est ahurissant. D'abord, c'est ce que l'on appelle un village sec : l'alcool y est interdit, pour éviter les problèmes. J'ai l'impression de me retrouver dans une réserve indienne. Il est vrai qu'ici les Inuits sont plus ou moins sédentarisés et, à vue de nez, le village le plus proche est à environ cent quatre-vingts kilomètres. Pas simple d'y aller en traîneau en cette saison !

Mais le plus étonnant, ce sont les gens. Beaucoup d'entre eux ne parlent ni l'anglais, ni même le français, alors que l'on se trouve dans la partie francophone du Canada. Ils ne sont ni amicaux, ni hostiles : ils m'ignorent.
Quant aux quelques Québécois qui vivent ici, ils semblent avoir peu de contacts avec les Inuits. Les deux communautés cohabitent. Et moi, au milieu, je me sens complètement largué... Au début, je ne sais vraiment pas quoi faire. J'attends.
L'une de mes premières rencontres se déroule à la patinoire. Le jeune à qui je parle n'est probablement pas dans son état normal. Peut-être sous acide, je ne sais pas. Il ne m'inquiète pas trop parce qu'il s'amuse, mais je ne le suivrais certainement pas !
Quoi qu'il arrive, mon boulot, c'est d'être prêt à tourner, pour ne pas rater ce moment capital qu'est la rencontre imprévue. Et, justement, la rencontre de **Sarah et Marco** fait partie des bonnes surprises de la série. Adorables tous les deux, drôles et accueillants. Finalement, je passe la nuit chez eux. On le comprend, mais on ne le voit pas, car à ce moment-là je ne me filme pas encore en train de me coucher. C'est seulement en revenant du Québec que mes producteurs me diront de tourner cette séquence également. Pour que l'on puisse voir, à chaque fois, où j'ai dormi. Depuis, je fais un plan dès que je dors chez l'habitant... sauf quand j'oublie !
Cela dit, pour moi, le moment le plus marquant d'Inukjuak c'est lorsque je me retrouve chez Jacob. Je l'ai rencontré dans la « rue » et il accepte rapidement que je passe la nuit chez lui. L'atmosphère est étrange, pas de repas, ses cousins vont et viennent sans faire attention à moi. Plus tard, alors que tout se passe bien, il se met à fumer du cannabis, je filme, on rigole, ça n'a pas l'air de lui poser le moindre problème, lorsque soudain il casse ma caméra de poing. Plus précisément, il arrache le grand angle vissé devant l'objectif. J'ai peur et je réagis violemment – verbalement,

De prime abord, on pourrait dire que la ville est moche...
En fait, elle est surtout extraordinaire, au sens premier du terme. Des rangées de maisons à deux étages, ressemblant à des hangars en bois, toutes identiques, bien alignées.

*Lorsque, soudain,
il casse ma caméra
de poing.
Plus précisément,
il arrache le grand angle
vissé devant l'objectif.*

du moins. La présence de son neveu, un adolescent très costaud, ne me rassure pas. Heureusement, il n'ose pas intervenir. Mais ce qui m'inquiète le plus, c'est que je suis désormais face à un mec incohérent. Il s'excuse et en même temps il continue d'essayer de casser la caméra... Je ne peux décidément pas rester chez lui.
Je repars donc à pied, dans la nuit, par -20 °C. Le lendemain, je réussis à replacer l'objectif dans l'axe, en le fixant avec du chatterton. J'en profite pour dire, à la caméra, que je ne lui en veux pas : je sais que les Inuits vivent en marge du monde, sans véritable espoir. Difficile de trouver un équilibre dans ces conditions...
La seconde étape de mon voyage au Québec est tout à fait différente. En réalité, c'est celle que l'on voit en premier dans l'épisode. Sutton est une station de ski plutôt chic, à quatre kilomètres de la frontière des États-Unis. Après un voyage en autocar, je termine en stop. À l'époque, j'explore les limites du concept. En arrivant, je trouve une station presque déserte : c'est la fin de la saison. Mais je prends un forfait et je m'essaie sur les pistes avec mes petites caméras. Je suis un skieur moyen, pourtant le résultat est plutôt concluant. Les images donnent même une impression de vitesse alors que je suis en chasse-neige !
Ensuite, je rencontre **Robert**, un sacré personnage ! Il vient vers moi et s'adresse directement à mes caméras. Cela confirme une impression que j'avais déjà éprouvée : mon matériel, inhabituel, attire les extravertis.
En quelque sorte, cela me permet de faire une présélection ! Robert est un vieux hippie qui tient une boutique de hamacs avec sa femme et leurs deux enfants. Elle a près de quarante ans de moins que lui. Il raconte toutes sortes d'anecdotes et devise sur le monde. Mais bien qu'il ait été longtemps vagabond, Robert me refuse l'hospitalité.
Ensuite, je tourne à Montréal. À l'époque, je filme quatre endroits dans chaque pays, de peur de ne pas arriver à faire les cinquante-deux minutes. C'est ainsi que je prends le métro, ou que je me retrouve dans une manif contre le gouvernement. Quelques rencontres, mais rien de passionnant. Plus tard, je croise un couple faisant ses courses au marché. Il est cameraman et a tout de suite repéré mon équipement. Je n'ai aucun mal à m'inviter à dîner. À table, j'apprends qu'il travaille pour une émission de téléréalité. Je lui demande si je peux l'accompagner le lendemain. Trois coups de fil et l'autorisation est donnée : beaucoup plus simple que chez nous ! Je rencontre même la présentatrice et filme l'enregistrement de l'émission. L'équipe rouge va-t-elle mieux rénover sa maison que l'équipe bleue ? Je ne le saurai jamais...
Au montage, nous n'avons rien gardé de Montréal. Le Grand Nord et Robert à Sutton étaient nettement plus intéressants. Il est toujours préférable de se concentrer... sur les gens qui n'ont rien à voir avec le milieu de la télé.
Cela s'est vérifié dans la dernière partie de cet épisode québécois, à Mont-Saint-Pierre, en Gaspésie, une petite bourgade située à une journée de route de Montréal. Le soir, je me promène : personne, c'est désert. Idem le lendemain. Je remarque alors de nombreuses voitures autour de l'église. Bingo, nous sommes dimanche !
C'est peu dire que je fais une entrée peu discrète dans le silence de la petite église ! Mais c'est là que je tombe sur **Ginette**...

La minute d'Antoine taquin

Il vient vers moi et s'adresse directement à mes caméras.
Cela confirme une impression que j'avais déjà éprouvée : mon matériel - inhabituel - attire les extravertis.
En quelque sorte, cela me permet de faire une présélection !

Elle est tellement nature que je n'hésite pas à lui demander si elle m'invite à déjeuner. Je me sens immédiatement à l'aise. Tellement même, que lorsque je regarderai les images tournées chez elle, je me trouverai un peu culotté, surtout quand j'ouvre les placards à la recherche d'un verre ! Mais tout cela est spontané, et ça passe. C'est même rigolo !
Ginette me suggère d'aller voir son mari dans les cabanes à sucre, où il fabrique le sirop d'érable. Encore un moment étonnant avec une bande de joyeux drilles. Croiser des gens comme ça, c'est un vrai cadeau ! C'est là que j'entends parler des pêcheurs de crabes, qui partent tous les matins à l'aube. Ça me plairait bien de les rencontrer, mais je ne sais pas à quelle heure ils embarquent. Je suis persévérant, alors je me retrouve dans ma voiture sur le quai à trois heures du matin, espérant ne pas m'endormir pour ne pas les manquer. Quand ils me voient arriver, ils sont un peu ahuris, mais ils m'acceptent. Et là, j'ai la chance de tomber à nouveau sur quelqu'un de formidable, le contrôleur de pêche, **Luc**. Une vraie complicité se crée immédiatement entre nous.
Il m'invite chez lui. Louise, l'une de ses amies, nous rejoint, et nous passons un excellent moment ensemble. Pourtant, c'est à la suite de cette soirée que je vais relativiser la profondeur de mes rencontres. Ces gens représentent plus pour moi, en fait, que moi pour eux. Je ne fais que traverser leur existence, une soirée ou une matinée, alors que moi, je partage des semaines de montage avec eux : forcément, ils me deviennent plus familiers.
Ainsi, beaucoup plus tard, j'envoie la cassette du film à Luc ; pas de réponse. Pensant qu'elle s'est perdue, je l'appelle et il me confirme qu'il l'a bien reçue. Un peu embêté, je lui demande s'il a aimé le film. Sans hésiter, il me dit qu'il a bien ri et que ça lui a rappelé de bons souvenirs : il n'a juste pas pensé à m'écrire un mot, ni même à m'envoyer un mail ! C'est l'une des particularités de *J'irai dormir chez vous*. Des rencontres fugitives, drôles, émouvantes parfois, mais sans véritables racines. On passe un moment ensemble et on s'oublie. Un peu comme les amours de vacances. Pourtant, je sais que si je repasse un jour chez lui, ce sera comme si nous nous étions vus la veille.

C'est là que j'entends parler des pêcheurs de crabes, qui partent tous les matins à l'aube. Ça me plairait bien de les rencontrer, mais je ne sais pas à quelle heure ils embarquent. **Je suis persévérant, alors je me retrouve dans ma voiture sur le quai à trois heures du matin,** *espérant ne pas m'endormir pour ne pas les rater.*

Le Québec en quelques chiffres

Température moyenne à Inukjuak en avril : -11,7 °C
Record de température minimale à Inukjuak : -49,4 °C (février 1927)
Nombre d'hôtels dans le Nunavut : 15
Nombre de caribous par habitant du Nord-du-Québec : 21
Dénivelé total de la station du mont Sutton : 460 m
Crabe des neiges de Gaspésie : en moyenne 14 cm pour 1,35 kg

__Pourquoi__ j'ai voulu aller au bout du monde. __Pourquoi__ le Vanuatu m'était déjà un peu familier. __Pourquoi__ l'île de Vao m'a servi de leçon. __Pourquoi__ l'île de Pentecôte a été riche en rebondissements.

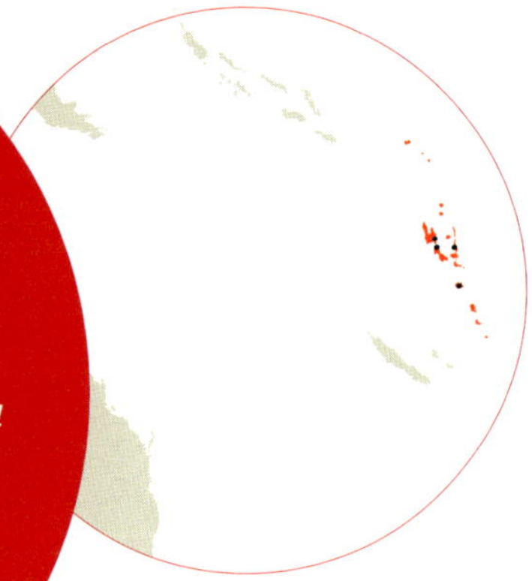

Vanuatu

J'irai dormir chez vous

Le Vanuatu n'est que le troisième épisode. Je suis dans une logique d'urgence. Je dois imposer la série. Mais pour ça, encore faut-il qu'elle commence à exister! Le principal risque, à mon avis, c'est qu'un autre ait la même idée, et qu'en plus il connaisse le patron d'une chaîne. C'est sûr, il passera devant et ce sera terminé pour moi! Donc je fonce: je ne suis rentré en France que depuis trois semaines lorsque je repars pour le Vanuatu. Il faut que l'on se rende rapidement compte du potentiel de la série. Chaque nouvel épisode doit être très différent du précédent. Et le Vanuatu n'a rien à voir avec le Québec ou le Mali! Voilà comment je me retrouve à l'autre bout de la Terre, sur cet archipel de l'océan Pacifique, au large de l'Australie. Je connais un peu l'endroit: j'y suis allé une fois, grâce à l'émission *Les Nouveaux Mondes*, que j'ai présentée sur France 2 en 1999.

Premier bon point : on y parle français. C'est important : un doublage aurait entraîné des frais supplémentaires, et une distance avec le public. C'est la raison qui ne m'a fait choisir que des pays francophones, au début.

Contrairement aux deux premiers épisodes, cette fois je prépare un peu mon voyage. En effet, si de petits avions permettent d'aller d'une île à l'autre, ils sont souvent complets. Je sais que je n'aurai pas le temps de me déplacer en bateau. Je dois donc réserver les vols intérieurs, ce qui m'oblige à déterminer, avant de partir, les îles où je veux me rendre.

Je me renseigne, entre autres, sur les hommes des tribus de l'île de Pentecôte, ceux qui se jettent d'une tour, les pieds attachés par une liane... Une pratique qui pourrait être, en quelque sorte, l'ancêtre du saut à l'élastique, mais en beaucoup plus dangereux.

Le voyage pour rejoindre le Vanuatu est particulièrement long: Paris-Tokyo, puis la Nouvelle-Calédonie, ensuite Port-Vila, la capitale du Vanuatu, puis encore un petit avion pour rejoindre l'île de Mallicolo. Avec les douze heures de décalage horaire, je suis décalqué !

Le lendemain, pourtant, je prends encore une pirogue, pour enfin mettre le pied sur un îlot plus reculé encore, Vao... Mais le tournage ne va pas commencer sous les meilleurs auspices. Dès le premier contact, je sens que quelque chose ne tourne pas rond. Visiblement, le mec me trouve sympa, mais en même temps il a l'air contrarié. Il me présente au chef du village, qui semble plutôt accueillant. Je me détends. Ce dernier m'indique des hommes en train de récupérer le coprah et me fait signe d'y aller. Je m'approche, demande à l'un d'eux si je peux le filmer et je commence à tourner. Les images sont sympas, il n'arrête pas de rigoler.

Dès le premier contact, **je sens que quelque chose ne tourne pas rond.** *Visiblement le mec me trouve sympa, mais en même temps, il a l'air contrarié.*
Il me présente au chef du village, qui semble plutôt accueillant.

C'est là que les choses se corsent. Le chef vient vers moi et me parle d'une façon très désagréable. Je ne comprends rien à ce qu'il me dit: celui que j'ai filmé traduit. Le chef me demande une importante somme d'argent parce que j'ai filmé sans son autorisation. Je suis furax. Il m'a volontairement poussé à la faute.
J'essaie de négocier mais le ton monte. Une chose m'inquiète particulièrement: celui qui rigolait ne rigole plus du tout, et je vois qu'il a peur. Le chef est donc un personnage redouté. De plus, autour de moi, ils sont plusieurs avec des machettes, et je suis seul. J'ignore si quelqu'un en France sait même que je suis à Vao...
Je n'ai pas envie de céder, mais je n'ai pas non plus envie de me faire tuer. Je réfléchis à toute vitesse. Quelle est la meilleure attitude à adopter? Le risque de prendre un coup de machette sans sommation est faible, surtout si je reste calme. En outre, j'ai l'argent demandé dans ma poche. Je décide donc de continuer à négocier tant qu'on ne me touche pas. Si on me bouscule, je paierai immédiatement, sans discuter davantage. Quoi qu'il arrive, les paluches enregistrent la scène!
Au bout d'un moment, le chef perd patience et me chasse du village. Je m'en vais, penaud. Ce n'est que le soir que je comprends ce qui s'est passé. Je me rends compte que nous nous sommes accrochés à cause de nos différences culturelles. En effet, je suis venu voir le village sur l'île de Vao, mais j'ai dormi sur l'île de Mallicolo. Mon raisonnement d'Européen est le suivant: je dors sur Mallicolo, je paie mon hôtel et mon repas. C'est normal. En revanche, lorsque je visite Vao, je n'ai rien à payer puisque je ne demande rien. Mais le chef raisonne différemment. C'est pour visiter Vao que je viens, et je dépense mon argent sur Mallicolo: cela ne lui convient pas du tout. Il essaie donc maladroitement de récupérer quelque chose. Il en veut surtout à celui qui tient l'hôtel, et moi, je me retrouve au milieu de ce différend.
Cette mésaventure, en tout cas, m'a servi de leçon. Ainsi, sur l'île de Pentecôte, un peu plus tard, je respecte le protocole et je négocie dès le départ. Je débourse cent cinquante euros pour avoir le droit de tourner dans le village. Une somme très élevée pour le pays. Mais payer était le seul moyen de filmer cette tribu de sauteurs. Après coup, j'ai regretté. Essentiellement parce que cela faussait les rapports. Je n'aime pas cette idée de contrat. Je l'ai d'ailleurs dit à la caméra. Mais je prenais encore mes marques, je sondais les limites de la série. Et après une caméra cassée au Québec, et ce moment délicat au milieu des machettes, je commençais à me demander si le concept *JDCV* était vraiment une bonne idée!
Maintenant que j'ai du recul, je sais que je peux bouleverser un peu les règles, mais à une seule condition: dire la vérité. Je crois même qu'en montrant mes galères et mes erreurs, cela me rend plus crédible. Ça renforce les moments où je réussis. De fait, un type qui réussit tout, ça n'est pas très normal!
Heureusement, par la suite, les rencontres ont été beaucoup plus chaleureuses, notamment avec **Marie-Irène** et sa jolie famille, sur l'île d'Espiritu Santo. Pourtant, lorsque je commence à me promener dans les rues, ça ne démarre pas très fort. On est dimanche matin, tout est fermé et les rues sont désertes. Je découvre finalement un casino, improbable, mais qui est ouvert! Là, je tombe sur Marie-Irène qui

C'est là, que les choses se corsent. Le chef vient vers moi et me parle d'une façon très désagréable. *Le chef est un personnage craint. Autour de moi, ils sont plusieurs avec des machettes…*

a fait un petit crochet par les machines à sous en revenant de la messe. Le courant passe tout de suite entre nous, alors je lui demande si elle m'invite à dîner. Elle éclate de rire et accepte. Comme quoi, une fois encore, il ne faut jamais laisser tomber.
Ce voyage au Vanuatu me donne une vision totalement différente de celle de mon premier voyage pour France 2. Plus d'équipe, plus de voiture, plus de programme. Là, je me retrouve tout simplement dans la vie, avec les gens du coin. Par exemple, avec ce planteur que l'on voit dans les bonus du DVD. Il ne veut pas quitter son exploitation, même si depuis l'indépendance, la terre ne lui appartient plus. Il a des rêves de grand complexe touristique, mais pas un sou...

Ou encore avec ce Français, **Victor**, que je croise à Port-Vila et qui n'a jamais vécu en France. Après avoir longtemps habité en Afrique, il est au Vanuatu depuis trente-quatre ans et se fait construire une maison « dans le style basque », comme il me l'explique. Ou même avec ce Mélanésien, sur l'île de Pentecôte, qui me demande si on voit le soleil en France, peut-être parce qu'il n'est pas trop sûr que la Terre soit ronde, ou peut-être pour mieux comprendre le principe du décalage horaire. En tout cas, il sait parfaitement que les tours du World Trade Center sont tombées à New York...
Ultime rebondissement de ce voyage quasi initiatique : je viens de filmer ces hommes qui sautent d'échafaudages en bois de plus de vingt-cinq mètres de haut (l'équivalent de huit étages !), les chevilles accrochées à des lianes, lorsque je ressens de violents frissons. Ce n'est pas de l'excitation, mais de la fièvre ! Je pense à une crise de paludisme... Le souci, c'est que sur l'île de Pentecôte, il n'y a pas grand-chose pour se faire soigner, peut-être un dispensaire, mais je n'en suis même pas sûr. Je prends donc quelques comprimés de Nivaquine au cas où, mais je sens que mon énergie baisse. Comment vais-je passer la nuit ?
Je ne dois prendre le petit avion à six places que le lendemain pour retourner dans la capitale. Soudain, je l'entends arriver. J'ai toutes mes affaires avec moi, alors, en dépit de ma fatigue, je fonce vers le champ où il va se poser. Dès que le moteur s'arrête, je demande au pilote s'il lui reste une place. Il regarde mon billet et me fait signe de monter. Incroyable !
Et voilà comment, en une heure de vol, tout en restant dans le même pays, je quitte des hommes nus, qui vivent sans rien, pour rejoindre une bourgade moderne. À la capitale, je me retrouve en effet au milieu des boutiques et des restaurants. Je n'oublierai jamais ce choc : il fait partie de ces moments qui font réfléchir sur pas mal de choses. Sur l'égalité entre les hommes, par exemple...

Le Vanuatu en quelques chiffres

Nombre d'îles dans l'archipel : 83
Nombre d'aérodromes : 40
Nombre de langues parlées : 3 langues officielles, 108 langues maternelles
Nombre d'hôpitaux au Vanuatu : 5 publics (dont 2 sans médecin) et 1 privé
Nombre de centres de soins : 27 (avec au moins 1 infirmier)
Nombre de casinos : 3

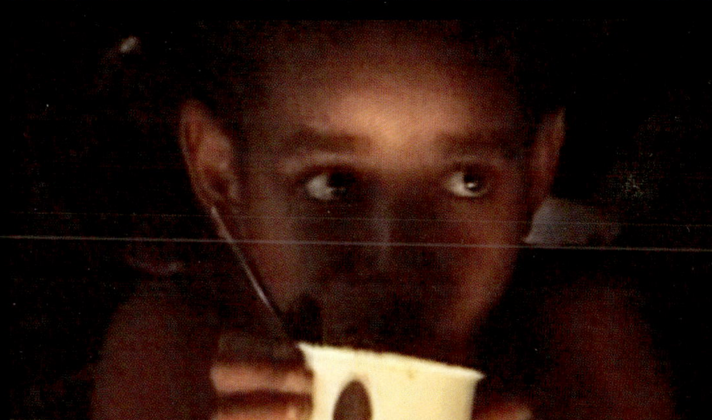

Loin

Ce que cela veut dire pour moi

Qu'est-ce que ça veut dire, «loin», au fond? La notion de lointain, pour moi, est plus une histoire de temps que de distance. On peut passer des heures dans un avion et débarquer dans une ville à peu près similaire à celle que l'on vient de quitter. En fait, lorsqu'on se rend dans le même milieu social que celui dont on est originaire, même à l'autre bout de la Terre, on se déplace mais on ne voyage pas. À l'inverse, lorsqu'on s'éloigne de ses repères, ou que l'on prend une petite route transversale, là on commence à voyager.

En 1983, je suis allé très loin. J'avais vingt-quatre ans et je participais à une expédition en Amazonie. On était trois, à la découverte du pays et probablement aussi à la recherche de l'aventure. On a passé quatre semaines au cœur de la forêt, sans aucun moyen de communication, et personne ne savait où l'on était. Là, on était vraiment loin.

Pendant la série J'irai dormir chez vous, *c'est au Vanuatu que je me suis senti le plus loin. Déjà parce que c'est aux antipodes, donc géographiquement très éloigné; de plus, mon téléphone portable ne fonctionnait pas dans le pays. Et comme je n'ai pas donné de nouvelles pendant quinze jours, le répondeur de mon portable était plein, mon compte e-mail aussi. Mon oncle a même pensé que j'étais mort!*

Pour couronner le tout, vers la fin de mon voyage j'ai traversé l'île de Pentecôte à pied. J'étais avec un guide qui ne parlait ni anglais ni français et qui n'avait à l'évidence pas les mêmes codes sociaux que moi: je n'ai pas réussi à lui arracher un sourire, ni même un regard amical.

J'avais eu des problèmes dans un village quelques jours auparavant, et je me dirigeais vers un autre village où le contact risquait d'être difficile. Je me sentais vraiment isolé. C'est un jour dont je me souviens parfaitement, parce c'était celui de mes quarante-cinq ans. Ce jour-là, sans aucun doute, j'étais «loin».

Pourquoi la France m'a servi de test. **Pourquoi** j'ai choisi le mont Saint-Michel, la Creuse et Strasbourg plutôt que Paris. **Pourquoi** on peut faire des rencontres inattendues absolument partout.

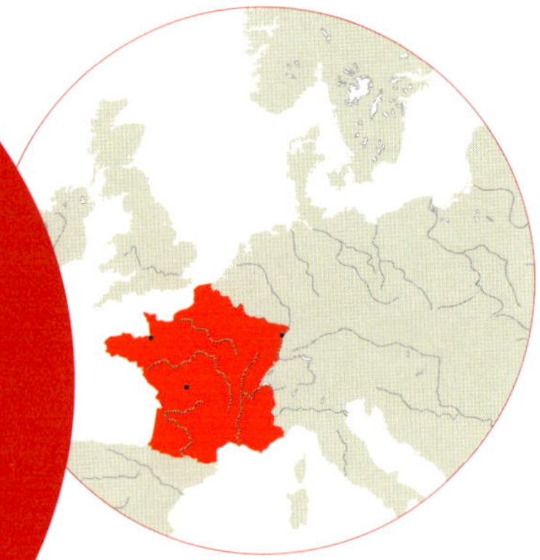

France

J'irai dormir chez vous

Le tournage en France est le quatrième de la série. J'en suis encore à mes débuts. Parmi ceux qui ont pu voir les premiers épisodes, certains me disent que ma technique d'approche fonctionne bien parce que je suis à l'autre bout du monde, mais qu'en France, je n'aurais aucune chance. Évidemment, j'ai très envie d'essayer. J'ai envie… d'être un étranger dans mon propre pays ! Je décide en revanche de ne pas filmer à Paris : j'y habite et c'est une ville que je connais trop bien pour la regarder avec les yeux d'un voyageur. L'épisode « France » va être également l'occasion d'essayer un tournage plus court. Jusqu'à présent, aussi bien au Mali qu'au Québec ou au Vanuatu, je me suis promené dans quatre lieux différents, afin d'engranger le maximum d'images et de rencontres. Sauf que je me suis rendu compte qu'à chaque fois, au moment du montage, j'éliminais une de ces étapes, parce que le film était trop long. Des séquences pas complètement perdues puisqu'on les retrouve dans les bonus des DVD.

En France, je me concentrerai sur trois destinations : si jamais je suis un peu court, je pourrai toujours repartir en tournage quelques jours.

Première étape : le mont Saint-Michel. J'y arrive le 15 juin 2004. Le cadre est exceptionnel mais très touristique. Une fois sur place, je comprends que la difficulté n'est pas de dormir chez des habitants, mais simplement de les trouver. Bien que les rues soient bondées, presque personne ne vit réellement au mont Saint-Michel. Heureusement, je finis par tomber sur le **père François**, qui réside ici depuis trente et un ans. Ce moment avec lui est un régal. La rencontre se passe en plusieurs étapes. Je tâtonne encore dans ma façon de faire…

Lorsque je pénètre dans l'église, c'est la messe de 11 heures. Je suis surpris par le manège des gens qui ne cessent d'entrer et sortir, qui font des photos à l'intérieur. Je prends discrètement quelques images de la messe. Certes, je ne suis pas croyant, mais je respecte. Je suis même scandalisé d'entendre un de mes voisins discuter à voix haute avec une autre personne qui se trouve derrière lui. À la fin du service, je l'aborde et lui dis ma façon de penser. Je filme la scène, mais je ne la garderai pas dans l'épisode.

Ensuite, je rencontre le prêtre, qui accepte de me recevoir chez lui dans l'après-midi. En repartant, je réalise que déjeuner avec lui serait plus convivial : je vais donc frapper à sa porte à nouveau. Pris de court, il m'accepte à sa table. Je filme le repas et notre conversation. On parle de tout et de rien, c'est très sympathique. Ce n'est qu'à la fin du repas que je lui demande si je peux dormir chez lui, mais il refuse poliment.
Après une tentative auprès des Frères de Jérusalem à l'abbaye, et après m'être cassé le nez sur nombre de portes closes, je tape une dernière fois à la porte du père François. C'est peut-être mon bon sourire, ou l'envie de compagnie : toujours est-il qu'il accepte cette fois de m'héberger. Une belle rencontre.
La deuxième étape de ce périple français est une petite commune de Haute-Vienne. Arnac-la-Poste : j'ai relevé ce nom rigolo sur une carte routière. Comme je n'ai pas plus de raisons d'aller à droite qu'à gauche, je fonce ! À première vue, pas grand monde, des tracteurs qui passent, bref, la campagne. Naguère, on aurait parlé de « France profonde », mais ce n'est plus vrai aujourd'hui : avec l'Internet et la télévision, les mentalités ont bien changé.
Une chose est sûre : à partir du moment où je croise **Daniel Robert**, je sens que ça démarre bien. Un sacré oiseau, celui-là ! Avec sa salopette bleue, son mégot, coiffé de sa casquette kaki et de son casque de mobylette par-dessus, il a vraiment un look bien à lui. De plus, il est très à l'aise devant la caméra. Il demande la permission à sa femme et accepte de m'accueillir chez lui.
Au montage, on pleurera de rire. J'adore ce genre de personnages. On passe un excellent moment, très marrant. Je suis vraiment content de cette rencontre, et visiblement lui aussi !
Serge, que je rencontre également dans les environs, s'inscrit dans un registre différent. Il crée des meubles à partir de matériaux de récupération et il a un petit côté mystique. Disons qu'il est en recherche. Je ne serais pas plus surpris de le retrouver, dans vingt ans, cadre dans un bureau, que vivant en ermite dans la forêt… Tout est possible.
Des gens inattendus, qui méritent que l'on s'intéresse à eux, il y en a absolument partout. Et si *J'irai dormir chez vous* offre une telle galerie de personnages à part, c'est surtout parce que j'aime bien les aborder.
C'est dû au fait que je considère de la même manière le clochard et l'homme d'affaires, le gendarme et le voleur, sans être impressionné et sans condescendance. Et si je rencontre moins souvent des gens riches, c'est essentiellement parce qu'ils sont plus méfiants que les pauvres. Normal, ils

craignent davantage pour leurs biens ! Et comme chez les moins bien lotis, l'entraide est plus courante, ils sont plus accueillants. Mais cela ne veut pas dire que les plus riches soient plus stupides ou plus désagréables : ils sont juste plus difficiles à amadouer.

Dernière halte de ce voyage hexagonal : l'Alsace. C'est une région que je connais mal. J'hésite entre Colmar, Mulhouse et Strasbourg. Pour régler le problème, je file gare de l'Est, à Paris, avec mes bagages, et je regarde le tableau d'affichage. C'est Strasbourg qui gagne. Les autres villes sont desservies plus tard. C'est aussi simple que cela !

Je commence d'ailleurs à bien m'amuser. Je corse les choses en décrétant que je veux aller chez un boucher. Ça n'a pas de sens, mais je joue à chercher les limites de mon concept. Ça ne marche pas, mais je tombe sur **Jean-François**, qui fait la manche dans la rue avec son bonnet de Père Noël bleu.

J'aime bien son discours sur la cigarette et les bourgeois. C'est comme ça que l'on accroche, tous les deux. Pourtant, ce n'est pas un facile, Jean-François, plutôt un rebelle. Il rejette la société. Je ne sais même pas s'il cherche à s'en sortir, d'ailleurs. Mais lui aussi, c'est un personnage. Avec ses contradictions.

En 2008, quand je suis revenu à Strasbourg pour présenter mon long métrage, *J'irai dormir à Hollywood*, je l'ai invité à la projection. Il est venu à la séance avec un copain. Il m'a confié alors qu'après la diffusion de l'épisode « France » à la télévision, des gens sont venus lui parler dans la rue. Cette idée d'ouverture, de lien, ça me plaît bien.

Quoi qu'il en soit, à la fin du tournage, mon opinion était faite : les Français ne sont pas moins accueillants que les autres, ils sont dans la moyenne – et je dirais même que si on cherche un peu, ils sont plutôt rigolos.

La France en quelques chiffres

Nombre d'habitants à l'année au mont Saint-Michel : 44 (en 2008)
Nombre de visiteurs en été : jusqu'à 20 000 par jour
Nombre de tracteurs neufs immatriculés en Haute-Vienne en 2010 : 388
Nombre de TGV passant par Strasbourg chaque jour : 50 en 2007
Hausse du nombre de visiteurs à Strasbourg depuis l'arrivée du TGV : 57 %
Nombre de bouchers à Strasbourg : 20

Le clochard, le voyou, l'homme d'affaires : *je les considère de la même manière, à égalité, il n'y a pas de condescendance.*

Au lit !

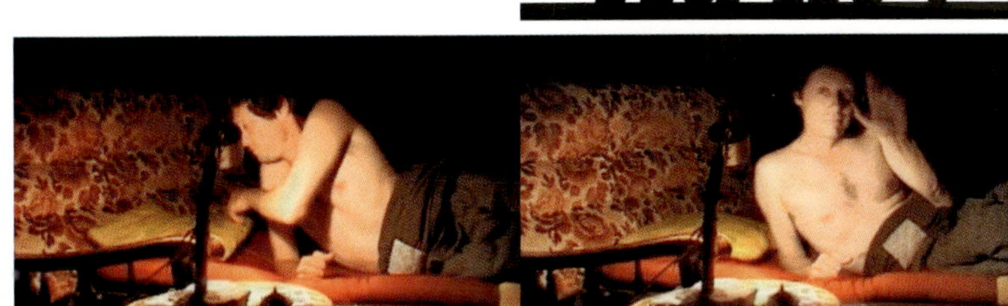

***Pourquoi** le Japon m'a fait douter. **Pourquoi** le culot et le rire peuvent aider. **Pourquoi** une belle rencontre fait du bien à tout le monde. **Pourquoi** ce pays m'a donné confiance.*

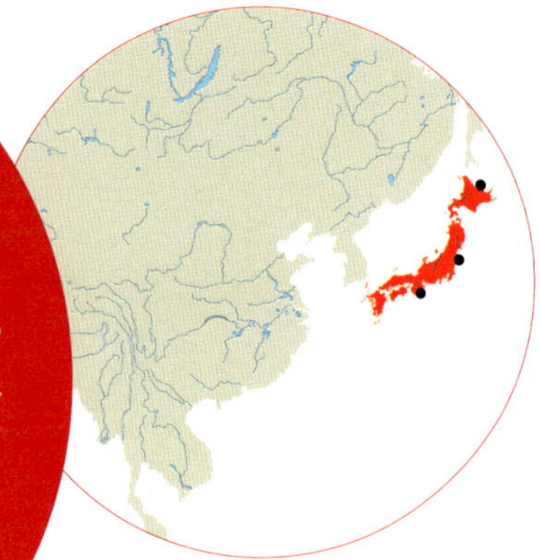

Japon

J'irai dormir chez vous

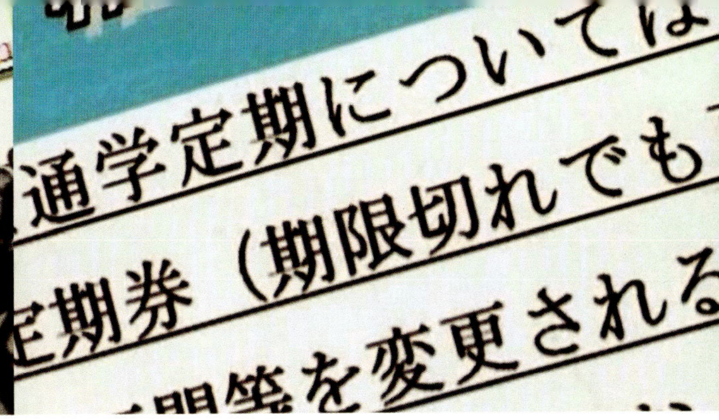

Quand j'arrive à Tokyo, en septembre 2004, j'ai juste un hôtel pour le soir. Je n'ai jamais mis les pieds dans ce pays et je suis totalement perdu. La pression est d'autant plus forte que je ne devrais pas être au Japon. En effet, quelques jours avant mon départ, la chaîne Voyage – qui diffuse les premiers épisodes de la série – organise une conférence de presse. Il y a une vraie curiosité de la part des journalistes. Mais la chaîne est en pleine restructuration. Je demande alors quand je pourrai repartir en tournage; on me répond dans un mois ou deux. J'insiste, expliquant que je veux partir à la fin de la semaine pour le Maroc, parce que c'est la bonne saison. Ils finissent par céder. Mais j'ai peur, malgré tout, que mon programme saute et que ce soit mon dernier voyage. Or j'ai toujours eu envie d'aller au Japon. C'est donc sans rien dire à la chaîne que je prends un billet... non pas pour le Maroc, mais pour Tokyo!

Et voilà comment je me retrouve au pays du Soleil levant un matin, épuisé par le vol, dans un hôtel où il est interdit d'être dans les chambres entre 11 heures et 15 heures! Ça commence mal. Je m'équipe et sors dans la rue. Rapidement, je me rends compte que ça ne va pas être simple. Le Japon n'est que le cinquième épisode de *J'irai dormir chez vous*, mais c'est la première fois que je suis dans un pays où je ne peux pas parler aux gens. Le premier jour, je n'arrive même pas à établir le contact! Et si tourner ici était une grosse connerie? Un ami m'avait mis en garde : d'après lui, ça ne marcherait jamais avec les Japonais...

Pourtant, maintenant que je suis là, ce film, il faut que je le sauve. Il doit durer cinquante-deux minutes. Comment faire? Je retourne le problème dans tous les sens. J'envisage même d'insérer des extraits du Mali, du Québec et du Vanuatu pour montrer les différences de mentalité,

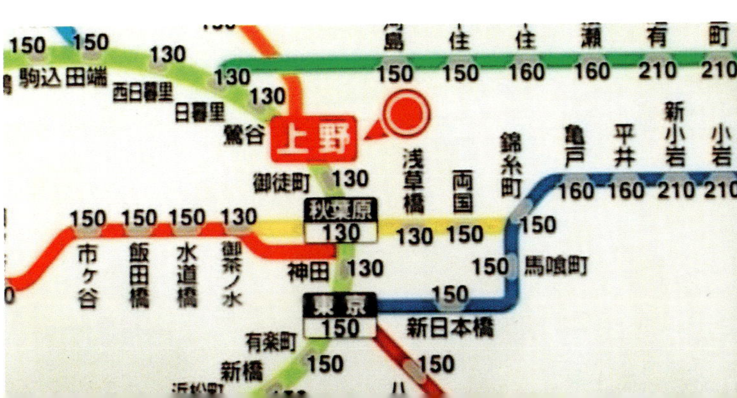

S'il accepte de m'accueillir, c'est surtout parce que j'arrive au bon moment, parce qu'il a besoin de parler, de se changer les idées. Au cours de notre conversation, j'apprendrai qu'il a perdu sa femme quelques années auparavant.

et expliquer pourquoi ça ne fonctionne pas. Comme toujours, je veux mettre toutes les chances de mon côté. Alors, tous les matins, je regarde les images, pour mesurer l'étendue des dégâts… D'un côté, je vois le désarroi dans mes yeux. Mais d'un autre côté, je rigole aussi, parce que je ne comprends rien. Et ça me donne la niaque ! À partir de ce moment, je constate que plus je suis « cash » avec les gens, et plus les séquences sont intéressantes et drôles.

Souvent, quand ils me parlent de mes films, les gens évoquent mon culot. Je suis assez direct, c'est vrai. Je pense par exemple à **Sugimoto**, le cuisinier de l'école franco-japonaise, chez qui je vais finir par dormir. C'est grâce à une Française croisée à l'office de tourisme que je le rencontre. Je ne lui parle que depuis quelques minutes lorsque je lui demande si je peux aller chez lui. Au début, c'est un refus catégorique. Pourtant ma démarche le fait rire, et il finit par accepter. C'est un honneur rare. Les Japonais n'invitent pas les gens chez eux, même leurs amis. Il habite une petite maison dans un parc, ce qui est rarissime à Tokyo.

Sugimoto est sans doute un Japonais un peu à part. Bien qu'il reconnaisse que les Français sont bordéliques, il est ravi de travailler à l'école franco-japonaise. En partie parce qu'il a trois mois de vacances, ce qui est exceptionnel dans son pays. S'il accepte de m'accueillir, c'est surtout parce que j'arrive au bon moment, parce qu'il a besoin de parler, de se changer les idées. Au cours de notre conversation, j'apprendrai qu'il a perdu sa femme quelques années auparavant. Cette rencontre est une heureuse coïncidence. Pour nous deux.

Petit à petit, pendant ce périple, je vais constater que je peux me débrouiller, même sans parler japonais. Ainsi, à Shimoda, une petite ville agréable et touristique à deux cents kilomètres de Tokyo. Lorsque j'y arrive, je dois faire face à un problème de caméra. Le diaphragme ne fonctionne plus, impossible de filmer lorsqu'il fait soleil. Pour continuer, il faut que je me procure un filtre. Trouver un photographe sans pouvoir communiquer va être dur. Heureusement, j'ai un petit dictionnaire français-japonais. Me voilà parti dans la rue, essayant de prononcer les mots « magasin » et « photo ». Et ça marche !

Je finis par tomber sur un photographe qui parle bien anglais. Il n'a pas de filtre, mais un verre polarisant. Le problème, c'est qu'il est trop grand.

De retour à l'hôtel, je casse les bords avec mon couteau suisse jusqu'à ce qu'il soit à peu près de la bonne taille, puis je le fixe avec du ruban adhésif. Ce n'est pas très beau, ni très simple à utiliser puisque je dois le retirer chaque fois que je me retrouve à l'intérieur, mais je vais pouvoir finir mon reportage. Je suis très fier de m'en sortir, parce que je ne suis pas spécialement adroit de mes mains. J'ai juste des affinités avec le système D !

Je vais également découvrir que lorsque je ne peux pas communiquer, j'ai d'autres alliés : le rire et la bonne humeur. Cela me permet souvent de provoquer des situations décalées, mais aussi des rencontres très authentiques comme avec cet homme d'affaires éméché, qui me montre fièrement l'autographe d'un célèbre entraîneur de foot, puis qui se met à mimer des gestes de karaté sur le quai du métro. Idem quand je monte dans la camionnette de **Shinya**, un jeune homme qui travaille dans une casse de voitures dans la région viticole de Katsunuma. C'est le rire qui le fait m'accepter. Lorsque j'arrive à l'endroit où ils désossent les voitures, ils sont en train de découper une 2 CV. Je n'aurais jamais imaginé que l'on pouvait en trouver ici ! On n'oserait pas écrire une scène pareille dans un scénario ! Quant à la soirée que je passerai avec ses parents, elle est restée dans les annales…

Au fond, ce séjour au Japon marque un tournant dans ma vie. Une sorte de baptême du feu. Après ce voyage, je n'aurai plus jamais peur de me retrouver seul au cœur d'un pays dont je ne sais rien et dont je ne parle pas la langue.

Le Japon en quelques chiffres

Nombre de municipalités dans Tokyo : 26
Nombre de lits à Tokyo : environ 13,6 millions
Taux de population étrangère vivant au Japon : 1,6 % de la population totale
Durée moyenne des vacances : 16,5 jours par an ; seuls 6 % des Japonais prennent l'intégralité de leurs jours de congé
Nombre de mots pour dire « magasin » en japonais : 14

Je vais également découvrir que lorsque je ne peux pas communiquer, ***j'ai d'autres alliés : le rire et la bonne humeur.***

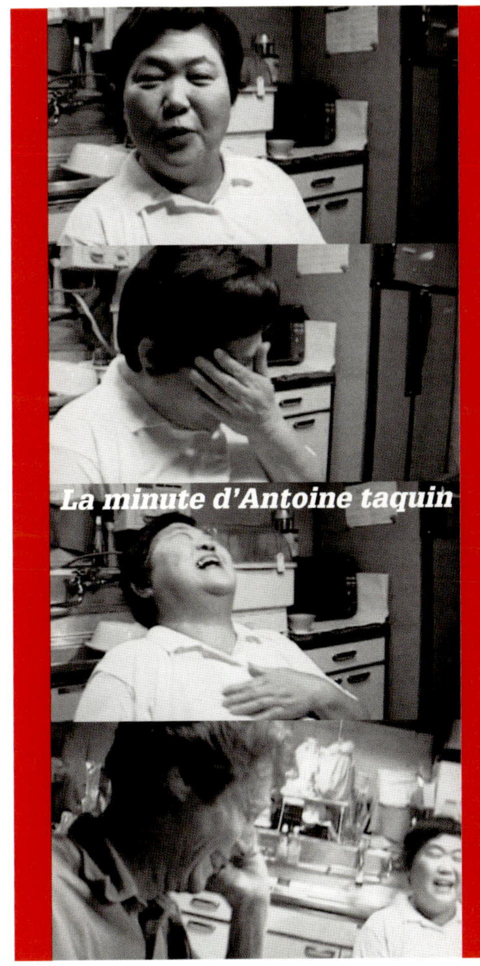

La minute d'Antoine taquin

Au lit !

Pourquoi *je double tout en anglais à partir de cet épisode.* ***Pourquoi*** *j'ai du mal à créer du lien avec les Australiens.* ***Pourquoi*** *on n'est pas loin de Jack London dans l'outback.* ***Pourquoi*** *les Aborigènes ne veulent pas de la caméra.*

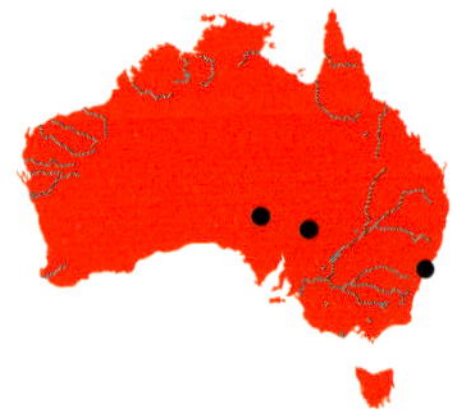

Cette habitation troglodyte occupée uniquement par des jeunes, ***vivants à part, sans adultes,*** *m'intrigue.*

Australie

J'irai dormir chez vous

Fin octobre 2004, mon rythme est désormais soutenu. J'enchaîne les voyages le plus rapidement possible pour que la série prenne du poids. Les dates de mes tournages sont désormais planifiées pour les mois à venir, de manière à s'intercaler entre les périodes de montage et les vacances scolaires. En revanche, je décide de mes destinations selon mes envies. Pour ce sixième voyage, j'ai prévu d'aller au Maroc mais, brusquement, je choisis de remettre ce pays à plus tard. Partant seul et n'ayant de comptes à rendre à personne, il m'est facile de changer d'avis au dernier moment. Ce n'est pas un caprice, mais je viens d'avoir une idée: pourquoi ne pas vendre la série à une chaîne américaine? Pour avoir une chance d'accrocher les diffuseurs anglo-saxons, il me faut au moins un épisode en anglais. Autant le faire tout de suite.

J'envisage tout d'abord de partir pour l'Irlande, un pays qui m'attire car je n'y ai jamais mis les pieds. Puis l'Australie me semble plus dépaysante. Mais je me rends rapidement compte que c'est trop cher. J'ai pourtant très envie d'y aller... Nous sommes lundi, mon départ est prévu pour la fin de la semaine. Je me rappelle alors avoir rencontré, quelques années auparavant, une journaliste australienne : je l'appelle à tout hasard. Coup de chance, elle me donne un contact à l'office de tourisme. Le lendemain, je réussis à obtenir deux vols intérieurs, une voiture et quelques nuits d'hôtel. Ça suffit pour faire entrer le tournage dans le budget : c'est gagné! Je demande un visa et je m'envole pour l'autre bout de la planète.

Une fois à Sydney, lorsque je m'adresse aux Australiens, je leur parle en anglais, évidemment. Mais jusqu'à maintenant, je me suis toujours adressé à la caméra en français. Or, c'est bien connu, les Américains n'aiment ni les doublages, ni les sous-titres. Pour augmenter les chances de leur vendre un jour la série, je me mets donc à doubler tous mes commentaires. Chaque fois que je fais une réflexion à la caméra, je la répète immédiatement en anglais. J'avais déjà l'air d'un type bizarre avec mon matériel, mais là, c'est le pompon!

Aujourd'hui, ce principe de tout doubler n'a toujours servi à rien. Après une cinquantaine d'heures de programme produites, on n'a rien vendu à l'étranger. Je m'en fiche, je continue. Peut-être juste pour mettre une fois de plus toutes les chances de mon côté et être sûr que l'on ne me dira jamais: « Si encore vous vous étiez adressé au spectateur en anglais, on aurait pu prendre votre série. »

Quant au tournage proprement dit, il commence bizarrement. J'ai du mal à établir le contact. Sydney est une ville très occidentale, mais j'ai l'impression que les Australiens n'aiment pas ma manière de faire, et surtout les petites caméras. Ils n'entrent pas dans le jeu.

Heureusement, à Bondi Beach, la plage branchée de Sydney, je rencontre un groupe de jeunes, avec leurs bières et leur chien, un genre de pitbull. L'un d'eux, Luke, n'arrête pas d'apostropher les filles qui passent dans la rue. Il est franchement grossier, mais c'est un personnage. Il me fait visiter l'appartement où il vit en coloc avec deux copains. Il me montre sa minimoto, sa collection de films pornos, ses disques de death metal.

Il m'amuse, Luke, il est plein de contradictions. D'ailleurs, quand plus tard je lui pose des questions sur ses rapports avec les filles, il avoue ne pas trop savoir ce qu'il va devenir, ni s'il arrivera à établir une relation stable. Il est tout penaud, nettement moins fanfaron.

Je ne suis pas déçu, ça montre un certain aspect de Sydney. Mais j'aurais bien aimé rencontrer également des gens un peu plus riches, un peu plus intégrés. C'est le jeu ! Je ne prépare rien, c'est le hasard qui décide !

Ensuite, je m'envole pour Coober Pedy, une ville minière située dans l'*outback*, en plein désert. Quand je sors du petit avion, c'est le choc. Quel endroit à part ! Quelques rues goudronnées, quelques magasins. Pour couronner le tout, c'est ici qu'a été tourné le film *Mad Max*. Des carcasses de véhicules improbables venus d'ailleurs traînent dans les rues. Ça renforce l'impression de bout du monde.

Je me promène à pied. L'atmosphère est très curieuse. Des touristes passent parfois un jour ou deux à Coober Pedy, mais c'est essentiellement une ville de chercheurs d'opales. Un patelin surgi de nulle part, et ça se sent.

Avant l'arrivée des premiers climatiseurs, il y a quelques dizaines d'années, les gens avaient l'habitude de vivre sous terre, dans ce qu'ils appellent des *« dugouts »*. Une porte, parfois une fenêtre, apparaissent en surface, mais toute l'habitation est plus loin, enfouie sous terre. C'est le meilleur moyen de se protéger de l'écrasante chaleur de l'été. Pas de bruit, pas de lumière, et une température de 25 °C toute l'année.

C'est dans un de ces *dugouts* que je rencontre des ados. Il règne une ambiance très bizarre. Ils sont visiblement désœuvrés et s'ennuient terriblement. J'apprends qu'ils vivent ensemble, sans adultes. Et ils m'expliquent sans détours qu'il ne peut y avoir de mélange entre les Blancs et les Aborigènes. Cette situation m'intrigue. J'ai entrevu le père, et j'ai envie d'en savoir plus. Il habite hors de la ville. Je pars à pied, et c'est à ce moment-là que je rencontre **Kym**, chercheur d'opales ruiné, grand buveur de bière, qui vit lui aussi dans un *dugout*. Comme d'habitude, je poursuis toutes les pistes, car je ne sais jamais laquelle va aboutir.

C'est finalement chez Kym que je vais dormir. Mais pas le premier soir, parce que ça part en vrille. En fait, Kym a pas mal bu et je sens qu'il commence à bouillir car sa femme, Rose, m'aguiche… Je juge donc plus prudent de rentrer à pied.

Le lendemain, je leur dépose un mot amical sur la porte. Deux heures plus tard, Kym passe à mon hôtel et me propose de dormir chez eux. Mais il précise : « Tu ne touches pas à ma femme ! » Au moins, il est direct. Je passe une excellente nuit et j'en déduis que le jour où je ferai construire la maison de mes rêves, ma chambre sera au sous-sol, sans bruit, sans lumière et sans fenêtre !

Je n'ai pas eu la place dans le documentaire pour mettre une bonne séquence avec le père des ados, Brian. Car je finis par le rencontrer et je pars avec lui, en pick-up, pour chercher des opales. Ça ressemble à un jeu de hasard. Ils font des trous dans le sol au petit bonheur la chance. Un mètre de diamètre, quinze mètres de profondeur, l'équivalent de cinq étages ! Puis l'un d'eux descend au bout d'un câble et regarde à la lampe s'il trouve une veine d'opale. Ce matin-là, puisqu'ils creusent au hasard, ils me demandent de déterminer l'endroit où faire le trou.

PEDY
ELECTRIC CHAIR

HAVE YOU LOST ANY KEYS RECENTLY?

OPAL Centre

COOBER PEDY

ATTENTION!
IF YOU WOULD LIKE
TO GIVE SMALL
CONTRIBUTION TO THE
ART WORK AND ARTIST
PLEASE PAY MONEY
IN TO THE BOX

- Les Blancs et les Noirs
ne se mélangent pas.
- Peut-être que...
- Imaginez du lait et de l'huile.
- Peut-être que...
- Imaginez du lait et de l'huile.
On est le lait,
eux sont l'huile.
- Ça ne se mélange pas.
- Nous sommes racistes.

Truffé de pièges mortels, l'endroit est extrêmement dangereux. Brian m'a bien mis en garde: ne jamais reculer, même d'un mètre! Quant à s'y promener la nuit, ce serait de la folie. C'est une ambiance de chercheurs d'or. Avec ses secrets. Personne ne te donnera la moindre info sur les bons endroits. Et il y a parfois des règlements de comptes, comme parmi les orpailleurs d'Amazonie. J'ai l'impression que rien n'a changé de ce point de vue depuis deux cents ans et que ce sera pareil tant qu'il y aura des chercheurs d'or ou d'opales... D'ailleurs, ils ne m'ont pas dit si j'avais bien choisi. Ils sont partis de leur côté, et je suis rentré en stop. Ils sont peut-être revenus une heure après parce que le filon était là...

Je termine mon voyage en Australie par une incursion en territoire aborigène, à Iga Warta. Je ne sais pas du tout à quoi m'attendre. J'ai croisé des Aborigènes à Coober Pedy, mais la plupart d'entre eux étaient complètement ivres, de vrais clochards. Ça fait mal de les voir comme ça. Impossible d'avoir un vrai contact avec eux, un fossé infranchissable les sépare des Blancs. Ils n'essaient même plus de s'intégrer, et du coup ils sont ignorés et méprisés.

J'arrive donc à Iga Warta, en territoire aborigène. L'hébergement est prévu pour les visiteurs de passage. Je pose mes affaires et je me dirige vers le petit bourg. Il y a une école, quelques bâtiments administratifs et des maisons. Je me promène dans les rues et je croise quelques personnes, mais le contact ne s'établit pas vraiment.

Je finis par comprendre plusieurs choses. Tout d'abord, la caméra dérange. Ils ne le disent pas, mais les Aborigènes n'ont pas envie d'être filmés. Deuxièmement, je ne l'avais pas réalisé, une tribu est une famille: ils sont tous parents, ce qui renforce le fait que je suis un étranger. Pour terminer, ils ne souhaitent pas ma présence. À travers ce malaise, je me rends compte que les problèmes entre les Aborigènes et les Blancs sont loin d'être réglés.

J'aurais bien voulu rencontrer les Aborigènes des régions reculées du centre de l'Australie, mais leur accès est réglementé. Je me demande, d'ailleurs, si ces réserves sont une bonne chose. Vouloir préserver à tout prix les cultures ancestrales me dérange. Il y a un côté zoo dans cette idée. Surtout que les jeunes vont avoir envie de vivre comme nous, d'avoir la télévision, une voiture ou un téléphone portable avec des jeux dessus...

Je pense que ces cultures locales disparaîtront, à court ou moyen terme. Le changement doit se faire en douceur, mais il est inéluctable. D'ailleurs, si leur mode de vie était si enviable, nous qui avons les moyens, nous l'adopterions, non?

Au lit !

Pourquoi le Maroc est arrivé au bon moment. *Pourquoi* je me suis bien amusé avec les journalistes. *Pourquoi* j'aime les villes fantômes. *Pourquoi* ce pays n'a pas failli à sa réputation d'hospitalité.

Maroc

J'irai dormir chez vous

Le tournage au Maroc – le septième de la série, en décembre 2004 – arrive au bon moment. Trois épisodes ont été diffusés sur la chaîne Voyage, et l'on sent comme une sorte de frémissement médiatique autour de l'émission. Des articles ont paru dans *Le Monde*, *Télérama*, *TéléCinéObs*... L'idée est nouvelle, on voit bien que les journalistes sont intéressés. Le Maroc – pas cher, pas loin – paraît idéal pour en emmener quelques-uns en voyage de presse. D'autant plus que je sais que les Marocains sont particulièrement accueillants. Carine Talbot, l'attachée de presse de l'émission, et moi réfléchissons donc à ce que nous allons faire pour que le voyage soit intéressant et original. Si les journalistes pouvaient suivre mes rencontres sans me gêner, ce serait génial. Toujours branché technique, je pense alors à un système de transmission audio sans fil. L'émetteur dissimulé dans mon sac à dos enverra le son de mes enregistreurs dans les oreilles des journalistes. Ainsi, placés à quelques dizaines de mètres, ils entendront les conversations sans intervenir ni perturber les rencontres. Ils vivront mes rencontres en direct, ce sera très ludique.

Nous voilà donc partis pour Fès... Bel hôtel luxueux, bonne ambiance avec les journalistes, ça démarre bien. Je commence à me promener dans les ruelles de la médina. Fès est beaucoup moins touristique que Marrakech, et j'ai plaisir à découvrir cet endroit un peu hors du temps. Il y a d'autres touristes, et les journalistes qui me suivent ne se font pas trop remarquer.

Je me suis lancé un défi : inviter tout le monde chez un Marocain. Et j'ai la chance de tomber sur **Abdelkader**. Il vend toutes sortes de casseroles, mais surtout, il a un cœur d'or ! On parle cuisine et gamelles, il aime rire et la complicité s'installe. Mais au bout d'un moment, Abdelkader repère le petit groupe qui a les yeux rivés sur nous. Il commence à se poser des questions. Je lui explique la situation, et c'est tous ensemble que nous allons prendre le thé chez lui ! Pari gagné, grâce à lui. On apporte des gâteaux, on passe deux, trois heures à discuter, c'est très sympa.

Deux jours plus tard, les journalistes et l'équipe de Voyage me quittent. Je me retrouve brusquement seul, et ça fait un choc. Fini le palace ! J'ai émigré dans une petite chambre d'hôtel glaciale, mal éclairée et sans meubles. Pour visionner mes images, je dispose le matériel sur le petit lit et je m'agenouille sur le sol, avec à la main l'agenda électronique sur lequel je rédige mes consignes de montage. Pour me remonter le moral, je retourne dîner chez Abdelkader qui accepte bien volontiers de m'héberger pour la nuit.

Ma rencontre avec **Azade** est un autre temps fort de mon passage à Fès. C'est un type adorable, prêt à tout donner. Chaque année, il quitte le Sahara et travaille quelques mois ici, pour rapporter de l'argent dans sa famille. Son boulot : chauffer un hammam. Seize heures par jour, dans le sous-sol d'un bâtiment délabré, il jette des poignées de sciure dans le fourneau, en surveillant l'approvisionnement en eau du réservoir qui se trouve au-dessus.

Le soir, je le retrouve pour sa pause et nous mangeons dans la rue. Je lui demande si je peux aller dormir chez lui. Il accepte au début, mais lorsqu'il comprend que je suis sérieux, il s'embrouille. J'ai du mal à comprendre ce qu'il veut. Je sens qu'il y a un problème et, en définitive, je rentre

à mon petit l'hôtel. Lors du montage, je glisse une information écrite pour clore la séquence: « Finalement, Azade me fait faux bond. » Ce n'est que plusieurs années plus tard que j'aurai l'explication. Un spectateur comprenant l'arabe me laisse un mot sur le site Internet de *J'irai dormir chez vous*. En réalité, Azade n'a pas de chez lui à Fès: il dort sur le trottoir et n'a simplement pas osé me le dire...

Ma seconde étape marocaine est la ville de Midelt, derrière les chaînes de l'Atlas. J'ai entendu parler d'une ancienne mine de plomb, Ahouli, fermée depuis une vingtaine d'années. J'ai envie d'y aller. J'ai toujours été attiré par les endroits abandonnés. Je me souviens du village de Mediano, dans les Pyrénées espagnoles. Il a été englouti par les eaux d'un barrage en 1969. J'ai réalisé un documentaire sur le sujet il y a une vingtaine d'années pour l'émission *Faut pas rêver*. Au cours du tournage, nous avons plongé sur ce qui restait du village: un moment exceptionnel! Car malgré la faible visibilité, on voyait encore la route avec le parapet de pierre, des toitures effondrées, une végétation fantomatique. Le moment le plus fort fut de se retrouver en apesanteur dans la nef de l'église, qui, elle, était toujours debout. Je pensais aux gens qui avaient vécu dans le village, aux enterrements, aux mariages.

Je sais donc qu'une ville désertée me touchera tout autant. Mais il faut d'abord parcourir les quinze kilomètres qui me séparent d'Ahouli. Je finis par dégotter un scooter délabré et je prends la route. Régulièrement, le moteur fait mine de s'arrêter mais j'arrive malgré tout à destination. Je découvre la mine et les logements des ouvriers. De longues habitations accrochées à la falaise, sauf que les portes et les fenêtres ont disparu. L'endroit paraît désert, en effet, alors qu'à une époque, plus de trois mille personnes vivaient ici. C'est très impressionnant.

J'emprunte le chemin qui mène en haut de la falaise pour découvrir la vue. C'est là que **Mbarek** vient à ma rencontre. Il est gardien de la mine et vit ici avec sa femme Aïcha et leurs deux filles. Il m'invite spontanément à passer la nuit chez eux. Tant mieux, il va bientôt faire nuit. Ils vivent dans quelques pièces d'un long bâtiment désaffecté. Je passe une belle soirée en leur compagnie. Je filme leur vie toute simple, en dehors de l'agitation des villes et surtout hors du temps. Le lendemain, Mbarek refuse absolument que je paie quoi que ce soit. Le seul moyen de lui laisser un peu d'argent est de lui acheter de jolies pierres qu'il ramasse dans les environs.

La minute d'Antoine taquin

Le Maroc en quelques chiffres

Consommation moyenne de thé par habitant et par an : 1,76 kg

Température maximale dans un hammam : 60 °C

Altitude de la ville de Midelt : 1 521 m

Finalement, je crois que le Maroc a été l'un des voyages les plus faciles de la série, ***justifiant la réputation légendaire d'hospitalité de ses habitants.***

Je termine mon voyage à Merzouga, dans le Sahara. Mon objectif est de rencontrer des nomades. J'évite de m'approcher des grands hôtels et je cherche un 4x4 pour aller dans le désert. Impossible d'en louer un sans chauffeur. Tant pis. Pour ne pas arriver les mains vides, je fais le plein dans un magasin d'alimentation. Nous prenons la route. Mon chauffeur ne parle pas français, mais j'arrive à lui faire comprendre ce que je cherche. Après une demi-journée de route au hasard, nous trouvons enfin deux familles isolées avec leurs troupeaux. Elles n'ont pas de tentes, mais vivent dans des abris de pierres rudimentaires à ciel ouvert. Je demande au chauffeur de m'attendre dans la voiture et je pars tenter ma chance à pied.

La rencontre est amusante. Les enfants sont ravis de voir débarquer un étranger. En revanche, lorsque j'explique par gestes que je voudrais passer la nuit ici, les femmes refusent catégoriquement. Heureusement, le chef de famille arrive peu après et il accepte de m'héberger. Celui qui me touche le plus, c'est le fils. Il a une dizaine d'années. Je lui passe la caméra pour qu'il filme. Il est tellement heureux ! Il me rappelle la première fois que j'ai manipulé un magnétophone : j'avais le même âge.

Je leur donne ce que j'ai apporté. Des légumes, du poulet, du riz, des gâteaux... Bref, de quoi faire un repas de fête. J'aime ces instants. Je sais que pour eux également, c'est un beau moment. Essentiellement parce qu'il est totalement imprévu. Après trente-cinq pays parcourus pour la série, le Maroc fait toujours partie des plus accueillants que j'ai visités. Ici, le problème n'est pas de trouver quelqu'un pour m'accueillir, mais de décider chez qui aller !

Au lit !

Pourquoi
je sais d'avance que
l'Inde est un pays
exceptionnel. **Pourquoi**, à Bénarès,
j'ai envie de suivre le Dr Agrawal.
Pourquoi, à Bombay, je privilégie une
rencontre déroutante
Pourquoi je m'amuse autant, dans le Sud,
au guidon d'un taxi. **Pourquoi** je
regrette de ne pas avoir établi de
contact avec un
intouchable.

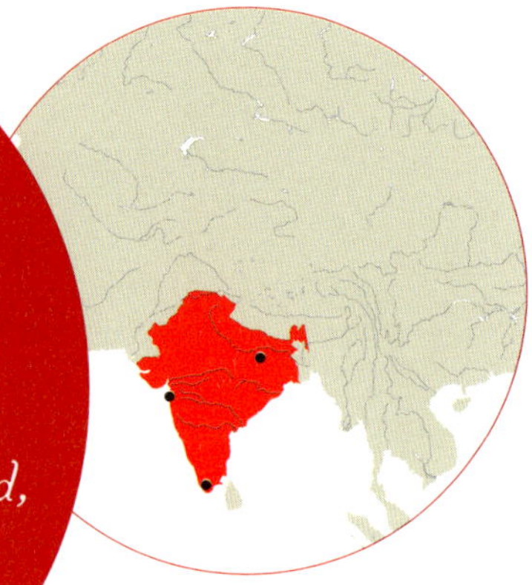

Inde

J'irai dormir chez vous

Je pars pour l'Inde le 23 janvier 2005. Pour y être allé à deux reprises, je sais que c'est un pays fascinant. En 1985, j'ai participé à l'expédition un peu fantaisiste d'un gars qui prétendait descendre le Gange à la nage. J'y suis retourné en 1992, pour coréaliser avec Jeanne Mascolo un portrait d'Alexandra David-Néel, la première femme à être entrée dans Lhassa, en 1924. À cette époque, le Tibet était complètement fermé aux étrangers. Elle a grandement contribué à faire connaître le bouddhisme en France et c'est au Sikkim, un État du nord de l'Inde, qu'elle a découvert la culture tibétaine.

Lorsque je retourne en Inde pour *J'irai dormir chez vous*, en 2005, je choisis de commencer par Varanasi, une des villes saintes des hindous. Plus connue des Occidentaux sous le nom de Bénarès, Varanasi est une ville mythique. Rien que son nom me faisait rêver, et je comprends pourquoi en arrivant. C'est un vrai choc ! La religion est partout. Où que l'on aille, on trouve des temples et des gens qui prient. Toute la vie est centrée sur la spiritualité. C'est hallucinant!
C'est certainement le lieu le plus mystique qu'il m'ait été donné de voir! Je suis allé en Arabie saoudite, où se trouve La Mecque. La religion est omniprésente là-bas aussi, mais elle est imposée par l'État. Ici, les gens sont libres de pratiquer ou non, et la plupart le font. C'est cette liberté de choix qui donne toute sa force au souffle religieux indien.
Je m'installe dans un hôtel miteux, qui ne me coûte que trois euros par jour. Il est extrêmement sale et n'a pas dû être repeint depuis quarante ou cinquante ans. Il y a des cafards partout, pas d'eau chaude, des pannes de courant sans arrêt... Je pourrais m'offrir mieux, bien sûr, mais je veux m'immerger dans l'atmosphère magique de Varanasi. Et cet hôtel hors du temps ajoute encore à l'intensité du dépaysement.
Je commence par faire un tour sur les «ghâts», ces escaliers qui permettent d'accéder au Gange. C'est ici que les hindous viennent se baigner dans le fleuve sacré. L'après-midi touche à sa fin et l'endroit est bondé: pèlerins, touristes et toutes sortes de rabatteurs. De hautes constructions surplombent les ghâts : très anciennes et particulièrement belles, elles ressemblent à des châteaux. Ça me plaît beaucoup.
Je me rends dans la vieille ville. Les touristes se font rares, je retrouve l'Inde intacte. Au hasard des rues, je rencontre le **Dr Agrawal**, un vieux médecin homéopathe. C'est un personnage comme je les aime. Il a une sorte de noblesse bienveillante qui inspire confiance. Je l'accompagne dans sa visite des malades. Alors que je l'attends dans une cour, il me fait un signe et disparaît dans un autre bâtiment : je pense qu'il va voir un autre malade. Après une demi-heure, lassé d'attendre, je me dirige vers la porte et je constate qu'il s'agit en fait d'une autre sortie : je l'ai perdu! Je suis vert de dépit. J'avais envie d'en savoir plus sur lui, il faut que je le retrouve. Mais comment faire? Je ne sais même pas son nom... J'ai une idée. Je rembobine ma cassette et je choisis un plan où on le voit bien. Je fais une photo de l'écran de la caméra : comme ça, je peux continuer à filmer tout en montrant son visage aux gens sur mon appareil photo. Heureusement, le Dr Agrawal est très connu. Il est à la retraite et propose ses services gratuitement. Après deux heures d'enquête, de coups de fil et de balade en autorickshaw, j'arrive enfin chez lui.
Mon obstination l'amuse, il m'offre le thé et me parle de son travail. C'est vraiment un médecin à part. Il me dit avec une légèreté déconcertante: «Je n'écoute pas ce que les malades me disent, je leur donne simplement des médicaments. De toute façon, c'est Dieu qui les guérit, pas moi.» Le moins que l'on puisse dire, c'est que son discours ne convaincrait pas grand monde en France...
Lorsque je lui demande si je peux rester dîner, sa petite-fille âgée d'une quinzaine d'années ne le laisse pas répondre et accepte. À la fin du repas, je sais que si je demande la permission de dormir chez eux, elle imposera ma présence à son grand-père. Je sens qu'il serait maladroit de poser la question, et je préfère prendre congé. Il me semble important de montrer que je ne suis pas prêt à tout pour dormir chez les gens...

Deuxième halte de mon périple indien, Bombay. Là, je fais une rencontre très déroutante. C'est un gars qui vient de Delhi, que j'ai croisé dans la rue. Il me dit qu'il va dormir chez des amis : je demande si je peux l'accompagner et il accepte. C'est le début d'une étonnante errance dans la ville. Impossible de savoir à qui j'ai affaire. Il est plutôt incohérent. Il téléphone pour dire qu'on arrive – pas de réponse, apparemment. Il m'entraîne dans le métro, envisage de prendre un train, et finalement nous montons dans un taxi. Je n'abandonne pas, j'ai envie de savoir comment va finir cette histoire. Il n'a pas l'air dangereux et ne m'inquiète pas outre mesure.

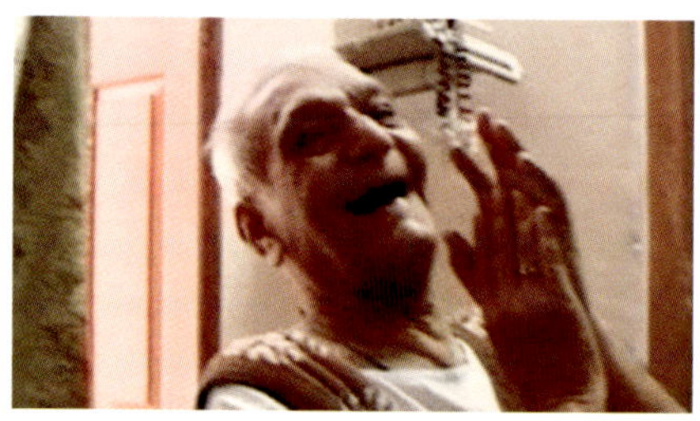

Nous sommes pris dans les embouteillages, il nous faut trois heures pour arriver... et apprendre que ses amis ne sont pas là ! Nous repartons : encore deux heures de circulation pour retourner dans le centre-ville. La note du taxi est salée, mais la séquence est bonne.

Lorsque j'en parlerai à des amis qui connaissent bien l'Inde, ils ne seront pas surpris : d'après eux, il est pas rare de faire des heures de route pour aller voir quelqu'un sans être sûr qu'il sera là.

Lorsque nous arrivons devant mon hôtel, il me demande s'il peut dormir dans ma chambre. Je trouve ça énorme : c'est le monde à l'envers ! Ça m'amuse beaucoup et je suis prêt à accepter pour clore la séquence, mais à la réception, on refuse catégoriquement de le laisser monter. L'histoire se terminera là, et c'est probablement mieux ainsi. Je me demande encore ce que le réceptionniste a pensé de moi.

À Bombay, j'ai également repris contact avec un comédien que j'avais rencontré quinze ans auparavant, au cours du tournage sur Alexandra David-Néel. Depuis, il est devenu célèbre. Lorsque je l'appelle, il est sur le point de se rendre à l'inauguration d'un magasin de luxe. Il m'invite à le rejoindre. D'habitude, je n'utilise pas mes contacts, car j'aime rencontrer des gens que tout le monde pourrait croiser. Je suis donc conscient de faire une petite entorse au principe de l'émission. Alors je dis à la caméra qu'ayant profité d'un appui, mon but ne sera pas de dormir chez l'habitant, mais d'aller dans les studios de Bollywood.

C'est ce que j'aime avec *J'irai dormir chez vous* : je peux bousculer les règles, à la condition expresse de ne pas mentir. On peut ne pas être d'accord avec mon choix, mais on ne peut pas m'accuser de tricher.

Autour de nous, c'est la fête, on boit, on parle. Je suis dans l'intelligentsia indienne. À des années-lumière des gens que j'ai rencontrés à Bénarès ! C'est très amusant. Mon ami me présente à une productrice de cinéma. On parle de choses et d'autres et elle accepte de m'emmener.

Malheureusement, au bout d'un moment, elle disparaît ! J'ai filmé toute la séquence et c'est plutôt réussi. Mais ma virée en taxi avec mon drôle de type me paraît plus insolite. Du coup, mon ami comédien et la productrice partiront dans les bonus.

Troisième et dernière destination : le Kerala, à la pointe sud du pays. Lorsque je débarque à Trivandrum, je me dis que j'ai envie de me balader dans la campagne. Mais de façon autonome ! Et j'ai tout à coup une idée saugrenue : louer un auto-rickshaw, un taxi triporteur. Le plus difficile est de convaincre le chauffeur de me laisser partir seul avec son engin. Je paie bien et il accepte. Je ne lui laisse que mon billet d'avion en caution. Il a vraiment confiance !

Je choisis un petit village sur la carte et je prends la route. Pour être sûr de ne pas abîmer son taxi, je suis extrêmement prudent et je roule à 40 kilomètres par heure. Je m'amuse énormément à voir la mine de ceux que je croise : un Européen qui conduit un taxi, ils hallucinent ! Moi, de mon côté, je me régale. Je sais ce que la séquence va apporter au film. Plus je m'éloigne, moins je croise de panneaux écrits en anglais. Tout est en hindi ! Je m'oriente avec le soleil, et je demande fréquemment mon chemin. Cela dit, je ne m'inquiète pas car j'ai énormément développé mon sens de l'orientation depuis que je fais cette émission. Et puis, je pars toujours avec la carte de l'hôtel : au pire, je la montrerai à un chauffeur de taxi et il me ramènera. À un moment donné, je traverse même un terrain militaire. J'espère que l'on ne va pas me contrôler, parce que je n'ai sûrement pas le droit de conduire un taxi...

À partir de ce moment, je pars à la rencontre des gens. C'est difficile : ils sont souriants, mais ça ne va pas plus loin. Ils m'observent et sont prêts à tout pour m'aider. Mais la plupart d'entre eux sont tellement doux, presque dociles, que c'en est un peu ennuyeux.

Heureusement, je rencontre Samuel, un pasteur, chez qui je vais passer la nuit. Nous abordons le problème des castes. Il milite pour qu'on les oublie totalement. Elles ont été abolies en 1950, mais certaines traditions ont la vie dure : après plus de cinq décennies, le problème n'a pas totalement disparu. J'aurais d'ailleurs aimé entrer en contact avec des intouchables, la caste la plus basse. J'ai essayé une fois, dans les petites rues de Bénarès, mais le type m'a ignoré, comme s'il était impossible que je puisse m'adresser à lui.

Le retour à Trivandrum sera très rapide. En effet, sur le chemin du retour un homme me hèle : il va à la gare, juste à côté de mon hôtel ! Je mets le compteur pour m'amuser et lui explique qu'il ne paiera rien. Il m'indique la route, et le trajet qui m'a pris cinq heures à l'aller ne durera que quarante-cinq minutes !

L'Inde en chiffres

Nombre de médecins homéopathes en Inde : 300 000 ; 1 Indien sur 2 a recours à l'homéopathie

Nombre de divinités en Inde : 330 millions selon la tradition !

Tarif d'une course en taxi à Bombay : 149 roupies (2,36 euros) pour 10 km

Vitesse maximale d'un rickshaw (électrique) : 85 km/h

Antoine et les animaux

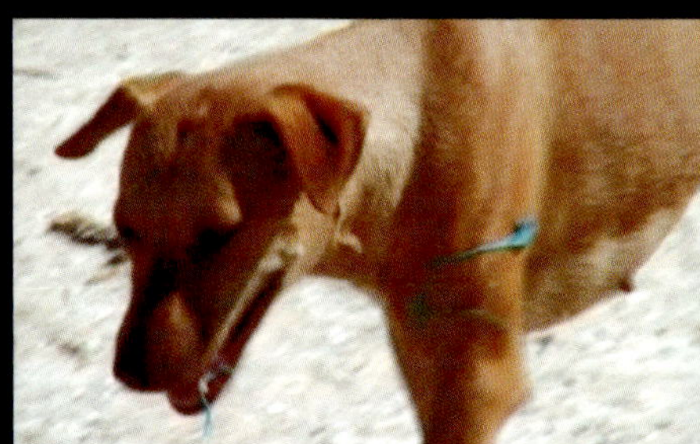

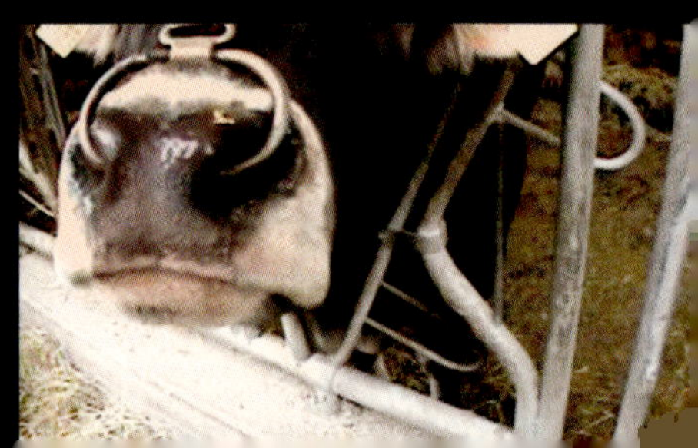

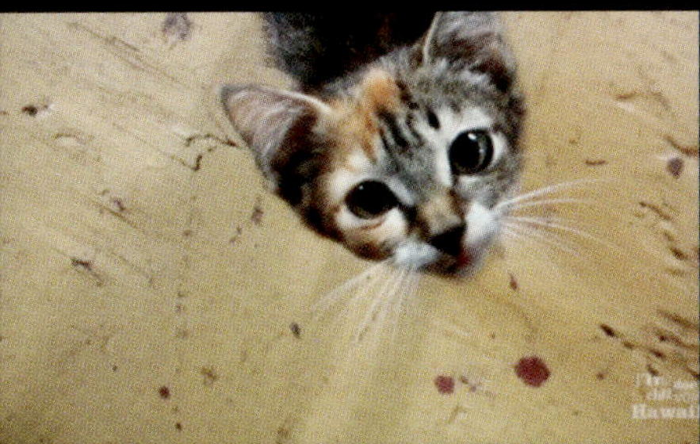

Pourquoi, en 2005, le Chili ne m'est pas totalement inconnu. Pourquoi c'est l'occasion ou jamais d'aller sur l'île de Pâques. Pourquoi un vieil épicier peut être plus étonnant que de jeunes artistes. Pourquoi je ne veux pas juger les gens que je rencontre.

J'irai dormir chez vous Chili

Le Chili est le premier tournage de la série en Amérique du Sud. C'est le neuvième voyage, et si je veux donner une vision exhaustive de l'accueil sur la planète, il est temps d'aller dans cette partie du monde. Je connais un peu le pays. Pour être tout à fait exact, j'ai simplement passé une nuit à Santiago, mais elle m'a laissé un bon souvenir. C'était lors d'un tournage pour Canal + avec Stéphane Peyron. Une grosse équipe d'une vingtaine de personnes. On disposait d'un avion, d'un hydravion, de nombreux 4x4. À l'époque, cela me faisait envie et, en même temps, je me disais que tout ce matériel était une erreur, qu'il nous éloignait des gens. Je pensais déjà à me démarquer, à prendre le contre-pied de tout ça... Toujours est-il qu'au retour, on avait passé une nuit à Santiago, le vol pour Paris étant prévu le lendemain matin. J'étais parti avec Jean-Baptiste, l'ingénieur du son, et l'on avait passé la nuit avec de jeunes Chiliens rencontrés dans des bars. La ville avait un petit côté Paris des années 1960. On était rentré pour le petit déjeuner alors que tout le monde se demandait où l'on était. Un bon souvenir, donc.
Mais la raison principale qui me pousse à aller au Chili, cette fois, est que je veux découvrir l'île de Pâques. C'est typiquement le genre d'endroits où l'on va rarement. Parce que c'est loin, parce que c'est cher, et qu'une fois arrivé, l'île est toute petite : on peut en faire le tour en scooter en moins de deux heures ! Il faut vraiment vouloir y aller. Et là, c'est l'occasion idéale. De plus, un endroit aussi isolé doit être intéressant. De fait, la séquence que je garderai pour la fin, c'est justement celle de l'île de Pâques, la plus forte.
L'épisode chilien est monté dans l'ordre où il a été tourné. Premier arrêt : Valparaiso. Une ville portuaire, autrefois très importante mais tombée en désuétude. Il y flotte un petit air provincial que je trouve agréable. J'y fais plusieurs rencontres. Tout d'abord, je croise de jeunes artistes peintres. Certains font de la bande dessinée, d'autres de la peinture. Ils sont très sympas et enthousiastes. Ils vivent en colocation et m'invitent chez eux. Je retrouve l'ambiance des copains que j'avais en seconde, ma dernière année d'études avant de me faire virer du lycée. Je faisais moi aussi de la bande dessinée, avec beaucoup de constance, même si je n'étais pas le plus doué! Ces jeunes Chiliens, en tout cas, m'emmènent dans différents endroits de Valparaiso et l'on passe de très bons moments ensemble.
Puis je rencontre des récupérateurs de papier sur un trottoir. Ils acceptent de m'accueillir chez eux, mais n'arrêtent pas d'essayer de me fausser compagnie. La séquence est carrément rocambolesque. Je dois leur courir après dans les rues. Je reconnais que je peux être un peu taquin, mais j'aime bien aller au bout des choses. Et c'est comme ça que je tombe sur **Ricardo**, vendeur dans un magasin de nourriture pour chiens. Il a soixante-dix-huit ans, il travaille encore parce que sa retraite ne lui suffit pas, et il a été champion d'aviron. Je l'accompagne chez lui. Je suis surpris d'atterrir dans un petit intérieur bourgeois absolument nickel. Je rencontre son épouse que je sens très méticuleuse, assez différente de lui. Je ne cherche pas à expliquer quoi que ce soit, les images parlent d'elles-mêmes.

Depuis que je réalise J'irai dormir chez vous, *ce qui me motive,* **c'est de passer mon temps à perdre l'équilibre,** *pour me mettre en danger et voir comment je m'en sors.*

Je trouve d'ailleurs que c'est une bonne manière de procéder. Il n'y a pas de commentaire et je ne raconte pas. Le spectateur vient chercher ce qui l'intéresse. On n'essaie pas de le retenir, c'est lui qui se concentre pour ne rien rater. J'ai constaté que ça donnait les meilleurs résultats. Les gens zappent moins et, surtout, ils se souviennent de ce qu'ils ont vu.

Lors du montage, il me faudra choisir entre Ricardo et les jeunes artistes. Après moult hésitations, je garderai Ricardo, parce que la séquence avec les jeunes est moins surprenante, plus internationale.

Deuxième halte chilienne : la petite bourgade de Catemu, dans la région de Santiago. Là, une sorte de suspense s'installe parce qu'il est 18 heures, et que le seul hôtel est en travaux. Bref, je n'ai pas de chambre. On est en février, c'est le plein été au Chili. Je me dis que c'est un défi à relever : au pire, je dormirai dans un jardin public. Je laisse donc mon sac dans un café et j'arpente les rues.

Puis je croise **Jorge**, le boulanger. On ne s'en aperçoit pas dans le film, mais au début je me méfie un peu de lui parce que je trouve qu'il en fait trop. Il se met tout de suite dans l'axe de la caméra et j'ai l'impression qu'il va être enquiquinant, alors qu'en réalité il a vraiment un cœur en or. Il voit en moi un routard un peu perdu et il veut m'aider, tout simplement. Il me présente sa femme, Rosa, qui tient la boulangerie, mais ils n'ont pas de place pour moi.

Je repars dans les rues. Les heures passent et je ne trouve personne pour m'accueillir. J'ai suffisamment d'argent pour prendre un taxi et aller dans la ville d'à côté, mais je n'ai pas envie d'abandonner. En fin de soirée, avant de me résigner à chercher un coin sous un buisson, je retourne voir Jorge, qui accepte finalement de m'installer sur des coussins dans le cabinet de son frère. C'est la première fois que je dors au pied d'un fauteuil de dentiste !

Le Chili en quelques chiffres

Date de la création du premier club d'aviron au Chili : 1939 à Valparaiso
Nombre de statues moai sur l'île de Pâques : 838
Nombre d'habitants sur l'île : 3 800
Nombre de pêcheurs sur l'île : 86
Nombre d'espèces de poissons autour de l'île : 111, dont 25 endémiques

Le lendemain matin, au petit déjeuner, Jorge m'expose son point de vue sur Allende... Il raconte qu'il a fait faillite en 1973 à cause de sa politique. Bien sûr, il regrette que les militaires aient tué et torturé beaucoup de monde, mais selon lui, il fallait intervenir. Je ne sais pas quoi répondre, je connais mal l'histoire du Chili. Lors de la diffusion, je recevrai d'ailleurs une lettre d'un spectateur outré parce que je n'oppose pas de point de vue contradictoire à celui de Jorge. Mais je ne suis pas journaliste. Chaque épisode de *JDCV* est un voyage au hasard. Il ne s'agit en aucun cas d'une analyse. Je laisse parler les gens, et ce n'est pas à moi de les juger. Ce que je sais, c'est que Jorge ne milite pas, il raconte ce qu'il a vécu et ce qu'il en pense. On a évidemment le droit de ne pas être d'accord avec lui.

C'est parti pour la troisième étape ! Après cinq heures de vol, je débarque sur l'île de Pâques. Perdus au milieu du Pacifique, ses habitants vivent, pour la plupart, du tourisme. Je suis ravi de découvrir les « moai », les fameuses statues. Mais les gens que je rencontre ont bien trop l'habitude de parler aux gens de passage : ça ne m'intéresse pas. Du coup, je cherche à dénicher ceux qui sont restés les plus authentiques. Le gouvernement chilien a créé un parc national qui couvre la majeure partie de l'île de Pâques. En conséquence, ses habitants résident essentiellement à Hanga Roa, la seule agglomération de l'île. Je loue un quad, une moto à quatre roues, et je pars explorer l'île.

C'est derrière le célèbre alignement de moai que je rencontre **Carlos**. Il est pêcheur et le moins que l'on puisse dire, c'est qu'il n'est pas facile, celui-là ! Carrément bourru. Mais l'individu me plaît et surtout je crois que c'est le seul Pascuan qui n'habite pas en ville. La rencontre est vraiment drôle. Il ne prend pas de gants avec moi, mais je m'amuse aussi à le taquiner. J'arrive à le convaincre de m'emmener sur son bateau relever les casiers de langoustes. Un moment difficile : la mer est formée et la barque danse sérieusement. Je dois protéger la caméra des embruns. Mais le plus dur est de sauver l'honneur et de ne pas gerber. Mission accomplie, mais probablement à quelques minutes près.

Toujours est-il que la glace est définitivement brisée. Il accepte que je passe la nuit chez lui. Mais il restera abrupt jusqu'au bout. Ainsi, je dois faire un aller et retour à l'hôtel pour prendre mon sac de couchage. Une demi-heure plus tard, lorsque je reviens, je trouve la maison dans la pénombre... Carlos est déjà couché ! Reste que le Chili est un pays que j'aime bien. Si un jour, j'étais obligé de quitter la France, j'essaierai peut-être de m'installer là-bas.

Au lit !

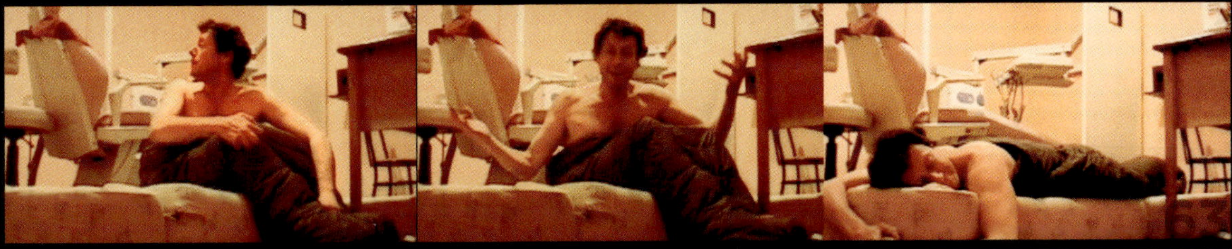

Pourquoi
la partie
francophone de la Suisse
a failli me démoraliser.
Pourquoi, *dans la partie italienne,*
un restaurant m'a enchanté. **Pourquoi**
les Suisses allemands sont plus
accueillants qu'il n'y paraît.
Pourquoi *j'ai dormi,*
exceptionnellement,
chez une femme.

Suisse

J'irai dormir chez vous

La Suisse n'est pas un endroit réputé pour son hospitalité, il faut bien le reconnaître, mais je n'aime pas les idées reçues et je veux me faire ma propre opinion. De plus, pour compliquer le tout, on y parle trois langues, le français, l'italien et l'allemand. Et même quatre, avec le romanche. Autant dire trois cultures différentes sur le même territoire. Mais c'est cette diversité qui me tente, bien sûr... Je commence par Verbier, dans la partie francophone, que je connais parce que j'y ai des copains. C'est une petite station de montagne, touristique et chic. Pourtant, une fois sur place, ça démarre mollement : le temps est pourri et il n'y a pas grand monde dans les rues.

Je me console en allant skier avec tout mon matériel. C'est un peu compliqué, mais j'arrive à descendre honorablement les pistes rouges. Je dois éviter d'aller trop vite pour ne pas tomber et ne rien casser. Heureusement, le temps se dégage l'après-midi. Mais les choses ne sont pas simples pour autant...

Il y a beaucoup de touristes étrangers sur les pistes. Et les quelques Suisses que je rencontre sont débordés, ou le contact ne s'établit pas. Je discute à un moment avec un mec assez pédant, méprisant même. Tout cela est démoralisant ! Tellement, d'ailleurs, qu'un soir, je prends ma voiture pour descendre à Genève dîner avec des copains. Histoire de me changer les idées.

Malgré tout, à Verbier, je croise deux bons personnages. **Christophe**, d'abord, un jeune fermier du Valais. En fait, je le rencontre en redescendant du ski : il tend les perches du remonte-pente et vient de terminer sa journée. Il est célibataire et vit seul avec son frère, dans leur ferme, où il m'emmène. Christophe a vingt-cinq ans et un côté chien fou. Il s'amuse à faire des dérapages en voiture dans la neige. Finalement, il m'embarque pour écumer les bars de la ville voisine. Il me raconte qu'il a vraiment déconné à une époque, alcool et drogue, mais qu'il s'est calmé. Malheureusement, on ne voit rien dans le bar et le son est mauvais. Je ne pourrai pas garder la séquence.

C'est chez **Lucien** que j'irai passer la nuit. Je fais sa connaissance sur les pistes le lendemain, à la fermeture d'un télésiège. La rencontre est amusante. Je sens que Lucien a son franc-parler. Du coup, je l'attaque direct. En quelques phrases, je demande à dormir chez lui. Ça tombe bien, il possède une pension. Mais je suis clair avec lui, je ne suis pas un client, je veux être invité. Ça l'amuse, il accepte.

On arrive chez lui, la saison est terminée et la pension est vide. Nous mangeons avec sa femme dans le grand réfectoire désert. Une petite fondue pour nous trois. Sympa. Il me parle des Suisses allemands, que les Suisses romands n'aiment pas tellement. On sent bien les tensions entre les deux communautés. Je ne suis pas encore allé en Suisse alémanique, mais il me présente les habitants comme des gens intransigeants. Ça promet.

Le lendemain, je les quitte, mais au lieu de continuer mon voyage, je remonte à Paris. La raison est simple : des copains font une fête et je n'ai pas envie de la rater. Cela peut paraître un peu léger, mais à l'époque, je voyage tellement que j'ai du mal à conserver une vie sociale. Cette soirée est donc prioritaire, d'autant que la proximité de la Suisse facilite ce genre d'allers et retours. Pour aller dans la partie italienne, je prends le train, puis je loue une voiture.

Toujours au hasard, je me retrouve dans la vallée de Muggio, près de Lugano. Pas de chance : il tombe des cordes. Mais cette fois, j'achète un parapluie. C'est tout bête, mais ça change tout.
Avant de me lancer dans la série *J'irai dormir chez vous*, j'ai couvert de nombreuses expéditions scientifiques et sportives. Et en cas d'intempéries, nous avions des capes de pluie. L'objet a l'avantage de ne pas prendre de place, mais il faut bien reconnaître qu'il a un gros défaut : la pluie coule le long de la cape et dégouline dans les chaussures. Alors que le parapluie est idéal. Il protège vraiment. Pourtant, on voit rarement un présentateur avec un parapluie, à la télé. Encore moins un baroudeur... Ça m'amuse d'avoir ce parapluie. Priorité à l'efficacité et au bon sens. J'adore!
En Suisse italienne, je vais tourner une séquence mémorable, le soir, dans mon hôtel. Dans la journée, je suis tombé sur Rodolfo, cantonnier et fermier, qui ne parle qu'italien. J'aime bien cette rencontre parce qu'on se comprend, alors que je lui parle en français et qu'il me répond en italien. Ça marche si bien que je ne mettrai pratiquement pas de sous-titres sur la séquence. Je dois revoir Rodolfo le lendemain, donc tout va bien.
Aussi, lorsque je me retrouve dans ma chambre à l'hôtel, et que j'entends chanter en bas, je n'ai aucune envie de bouger. J'ai rangé mon matériel... Reste que je sais qu'il faut être prêt, tout le temps. Donc je vais voir et là, wouahh... je suis saisi par l'ambiance! Une fête de bistro improvisée. Tout le monde chante au son de la guitare et des accordéons. Il y a un casting extraordinaire, dans ce restaurant. Des gens très nature, entiers, aussi bien l'accordéoniste que la serveuse ou les clients. C'est inespéré!
Après ça, il ne me reste plus qu'à aller à Zurich, la grande ville de l'épisode. Première chose notable : je découvre que, contrairement aux idées reçues, les Suisses allemands sont sympas.
Je me sens bien accueilli, alors que je croyais que ce serait difficile. Je pense, par exemple, au type qui me prend en stop dans un embouteillage. Je lui demande si je peux monter, et c'est seulement une fois que je suis dans sa voiture qu'il me demande où je vais : je trouve ça énorme! Ou encore au vieux qui m'offre une pomme dans la rue. C'est sa manière à lui d'accompagner mon voyage...
Et puis il y a **Gabriela**, la jeune femme avec son scooter, que je dépanne et chez qui je vais finir par dormir. Cette rencontre, c'est un moment rare, à tous points de vue. En règle générale, je ne vais pas chez les femmes seules. D'abord parce qu'il est toujours délicat de leur demander d'aller chez elles. Ensuite, parce que si je dors chez une femme, forcément, tout le monde se posera la question : que s'est-il réellement passé entre eux?
Gabriela est une exception. La situation ne l'inquiète pas. En fait, notre rencontre, le dépannage et la balade en scooter, tout est léger et positif avec elle. La seule chose qui m'embarrasse, c'est de lui demander si elle veut bien m'inviter. Sauf que c'est indispensable car j'ai besoin d'une fin pour ma séquence. Il faut donc au moins qu'elle me dise « non », puisque c'est ce à quoi je m'attends.
Or, surprise, elle accepte que je vienne dîner dans son appartement! Je file à l'hôtel prendre mon petit sac à dos avec batteries et cassettes, également mon duvet au cas où, puis j'achète une bouteille de vin et je me retrouve chez elle. Prudente, elle a tout de même invité un couple d'amis. Soirée sympa où l'on rigole bien... À l'issue du repas, je lui pose la question fatidique : est-ce que je peux dormir ici? Elle éclate de rire et, contre toute attente, elle accepte, ajoutant même : « Le problème, c'est que je dois partir tôt, je ne pourrai pas faire ton petit déjeuner! »
Cette séquence a suscité bien du courrier et animé quelques forums sur l'Internet, une fois l'épisode diffusé. Aujourd'hui encore, les gens me demandent ce qui s'est passé avec elle. La réponse est simple : rien. Même si elle a dessiné un petit cœur en chantilly sur mon dessert et même si je me serais bien laissé tenter.
Et puisque l'on aborde le sujet, sur les trente-cinq épisodes de *J'irai dormir chez vous* tournés à ce jour, je n'ai jamais fait de rencontre amoureuse. Dommage? Sûrement, mais je ne suis pas très disponible quand je filme. Trop de choses à gérer.

La Suisse en quelques chiffres

Nombre de locuteurs du romanche : 35 100
Nombre moyen de jours de brouillard entre septembre et février : 30
Altitude moyenne du territoire suisse : 1 700 m
Durée de vie moyenne d'un parapluie : 18 mois
Nombre de fabricants de parapluies en Suisse : 1 (12 en 1980), tous les autres sont chinois.

Aujourd'hui encore, les gens me demandent ce qui s'est passé avec elle. **La réponse est simple : rien.** *Même si elle a dessiné un petit cœur en chantilly sur mon dessert et même si je me serais bien laissé tenter.*

Pourquoi *j'ai voulu revenir en France, mais côté sud.* **Pourquoi** *je peux mettre un costume sur la Croisette sans me trahir.* **Pourquoi** *la Corse, à moto, est un pur plaisir.* **Pourquoi** *aller à la rencontre des gens lève bien des clichés.*

Sud de la France

J'irai dormir chez vous

Canal + vient d'acheter les dix premiers épisodes de *JDCV* et compte les diffuser en clair pendant l'été. Je sais qu'à partir de ce moment, la série va commencer à se faire connaître. Des gens vont m'identifier et ça risque de fausser la donne. Car pour que leur réaction soit intéressante, il ne faut pas qu'ils sachent quel est mon but. Sinon, certains viendront à ma rencontre juste pour passer à la télévision. Je décide alors de tourner en priorité dans les pays francophones qui risquent de voir le programme. Je viens de filmer en Suisse, le prochain tournage se fera en Belgique. En attendant, j'ai envie de compléter mon tour de France de l'accueil. En effet, lors du tournage «France», l'année précédente, je suis resté au nord du pays, et je trouve ça incomplet. De plus, les gens du Sud ont la réputation de parler facilement, ce qui tombe bien, vu le concept de l'émission!

Je décide de commencer par Lourdes. Pourquoi Lourdes? Je n'en sais rien, moi! Pourquoi pas? Peut-être parce que j'y ai fait un rapide aller et retour en avion, il y a une quinzaine d'années, quand je travaillais pour la chaîne américaine CBS. Je garde le souvenir flou d'un reportage autour du pape. Rien de précis.

Cette fois, je débarque en train. Sur le quai, on sent tout de suite qu'on est à Lourdes. La plupart des gens n'empruntent pas les passages souterrains: il y a beaucoup trop de fauteuils roulants. D'ailleurs, c'est le chef de gare qui donne le signal de la traversée sans danger.

Dès le début du tournage, je suis démasqué: je suis un vrai mécréant. Je confonds sainte Thérèse et sainte Bernadette, je parle de bougies au lieu de cierges! Je suis pourtant allé au catéchisme, un peu. Mais c'est comme l'école : ce n'est pas trop mon truc, et je n'ai pas tout retenu...

De fait, à Lourdes, ce n'est pas tant le lieu de pèlerinage qui m'attire que la ville haute. C'est là que l'on trouve les vrais Lourdais. Je fais un tour au marché... Et je tombe sur une bande de joyeux drilles à la retraite! Pourtant, je n'arrive pas à aller chez eux. Je rencontre également un couple de charcutiers. Ceux-là acceptent de me recevoir, mais au moment de me donner leur adresse, ils ne se rappellent plus très bien où ils habitent. Ça aurait dû me mettre la puce à l'oreille. Effectivement, le soir, je me casse le nez : l'adresse n'existe pas. J'aurais dû comprendre qu'ils plaisantaient. Peu après, je tombe sur Gabriel, un SDF chilien qui a perdu sa femme. Il me raconte sa vie. Ça lui fait du bien de parler. On passe un long moment ensemble. Je lui laisserai la bouteille que j'avais achetée pour le dîner.

Après Lourdes, je veux me rendre à Cannes. C'est le festival du Film et je sais qu'il y aura beaucoup de monde. J'y suis déjà allé en 1988 pour la présentation du film *Le Peuple singe*, sur lequel j'avais travaillé comme ingénieur du son. Toute l'équipe avait été invitée pour la montée des marches. Je me souviens que j'avais mis mon «beau» costume… En fait, je suis un sacré plouc!
J'ai acheté ce costume au tout début de ma carrière. À cette époque, j'ai une vingtaine d'années, je suis ingénieur du son et je fais de l'actualité. Un jour, on me prévient que je vais à l'Élysée pour une interview de François Mitterrand. Et l'on me précise qu'il me faut porter un costume. Évidemment, je n'en ai pas. Je fonce dans un magasin bon marché, et je demande le costume le moins cher puisque je m'en fous. La vendeuse me fait préciser: costume d'hiver ou costume d'été? Je ne savais même pas que les deux existaient! Je réfléchis un instant et je prends un costume d'été. Je me dis que l'hiver, je pourrai toujours mettre un pull. À l'époque, je portais de gros pulls en laine multicolores. Je me demande bien ce que ça aurait donné sous mon petit costume d'été…
En fait, il ne me servira plus jusqu'à ce que je le remette pour Cannes. Ce coup-ci, j'ai encore l'air d'un plouc. Ça doit être la troisième fois que je le porte. Un copain me fait remarquer que non seulement mon costume beige est moche, mais qu'en plus j'ai des baskets noires et que je suis ridicule. Pas faux, mais est-ce bien important?
Bon je m'égare, revenons en 2005! Comme je n'ai pas réservé d'hôtel, je vais devoir loger hors de Cannes. Il faut absolument que je sois autonome. Du coup, je remonte à Paris récupérer ma moto. Tout devient plus simple dans ces conditions. Je loge à quarante kilomètres de la Croisette, dans un motel, pour un prix dérisoire. Ça me va bien, ça. Il ne me faut qu'une demi-heure pour faire la route.
Je commence à tourner aux abords du palais des Festivals. C'est amusant, je monte sur des yachts, je vais à des fêtes, j'essaie de m'introduire partout, avec plus ou moins de bonheur.
Mais je capte surtout une réalité: le festival de Cannes n'est pas pour les Cannois. C'est une manifestation internationale, pas locale. Je m'en rends bien compte lorsque je passe une soirée avec trois jeunes des banlieues. On traîne dans les rues, on voit passer de belles filles qui nous ignorent. Nous sommes au même endroit, mais pas du même monde. Et les fêtes qui se déroulent un peu partout ne sont pas pour nous. L'un d'entre eux, Amor, est très lucide sur sa situation d'habitant des cités. Il explique qu'il devra toujours faire plus que les autres pour être accepté. En fin de soirée, nous rentrons dans leur studio, situé au centre Pierre et Vacances; c'est là que je passe la nuit.
Dernière halte de cette escapade sudiste: la Corse. J'ai prévu d'y rester trois jours. C'est l'endroit que j'ai préféré durant ce voyage!
D'abord, j'ai grand plaisir à parcourir les routes de montagne à moto. Il fait beau, et je me sens en vacances. La fin du voyage sera pourtant un peu compliquée. Le dernier jour du tournage, mon câble d'embrayage casse. Impossible, désormais, de débrayer pour passer les vitesses. Je connais bien ma moto et je ne m'en sors pas trop mal pour ne pas faire craquer la boîte de vitesses. Mais le problème est plus ardu lorsqu'il s'agit de démarrer, surtout que je porte mon

harnais et mes petites caméras. Soit je me gare en descente et je passe la première lorsque la moto a pris un peu d'élan, soit je démarre avec la vitesse engagée. Ça secoue un peu, mais ça va. J'arrive ainsi à retraverser toute l'île en terminant les prises de vue qu'il me reste à faire.

Mon grand souvenir en Corse, c'est **Dominique**, le chevrier. Je le rencontre le premier soir. Au départ, je lui demande juste un renseignement, mais tout de suite, je sens que le contact est bon. C'est le Corse comme on se l'imagine, me demandant avec son bel accent si je suis pressé parce que je m'inquiète de ne pas voir les chèvres arriver… Après la traite, il m'invite chez lui. Je rencontre, alors, Françoise, sa femme. Toute la soirée, ils me racontent la Corse, les petites histoires. On s'amuse beaucoup. Quand je demande à rester pour la nuit, Françoise ronchonne un peu parce qu'elle n'a rien prévu, mais j'aime bien cette spontanéité. Elle ne prend pas de gants et, bien sûr, elle trouvera une solution pour m'héberger.

D'ailleurs, Dominique et Françoise feront partie des rares personnes – une petite dizaine sur l'ensemble des épisodes – qui m'ont remercié de leur avoir envoyé un DVD. La plupart du temps, les gens ne répondent pas. Ces rencontres, la leur notamment, m'ont donc permis de découvrir que les gens du Sud ne sont pas forcément superficiels, Contrairement aux a priori que l'on peut avoir parfois…

Les gens du Sud ne sont pas forcément plus superficiels, ***contrairement aux a priori*** *que l'on peut avoir parfois.*

Quand je leur demande si je peux rester pour la nuit, Françoise râle un peu, et ***évidemment, elle me trouve un lit.*** *J'aime bien sa franchise. Plus tard, après avoir reçu le DVD, ils me répondront qu'ils ont bien ri en revoyant cette séquence.*

Le sud de la France en quelques chiffres

Nombre de pèlerins à Lourdes par an : 6 millions (en 2010)
Nombre de charcutiers à Lourdes : 9
Nombre d'habitants à Cannes: 71 526 à l'année ; 200 000 pendant le festival
Nombres de journalistes couvrant le festival : 4 500
Population de chèvres corses en Corse (sauvages et domestiques) : 28 000 têtes
Dénivelé de la plus longue pente du GR 20 : 1 600 m

Pourquoi *la Belgique*
à ce moment-là.
Pourquoi *je m'y suis bien amusé.*
Pourquoi *il ne faut jamais lâcher.*
Pourquoi *les rencontres improbables*
sont parfois les plus riches.

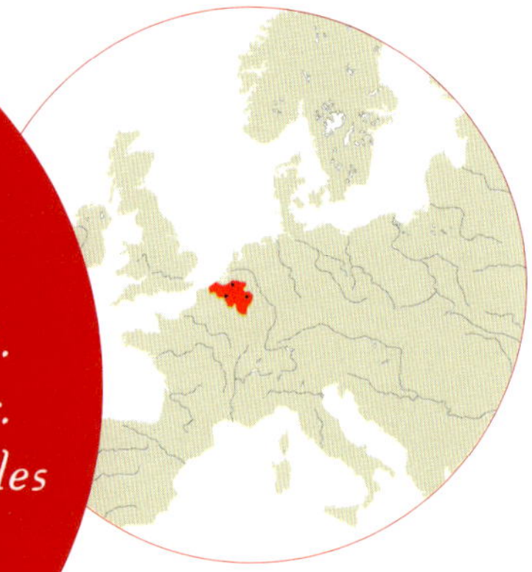

J'aime bien
la Belgique.
Les Belges ont en eux une vraie gentillesse.

Belgique

J'irai dormir chez vous

La Belgique est le numéro 12 de la série. Nous sommes en 2005, et *J'irai dormir chez vous* commence à être diffusé sur Canal +. Je veux rapidement terminer mes tournages dans les pays d'Europe francophones, avant que la série soit connue. Après la Suisse et la France, c'est au tour de la Belgique. Je suis content d'y retourner. J'y ai déjà fait un reportage en 1988, un film sur les contrefaçons de polos Lacoste et de montres Cartier. J'avais alors travaillé avec un inspecteur belge qui m'avait demandé si j'étais déjà allé au Benelux. J'avais répondu non, précisant que j'étais déjà allé en Belgique et aux Pays-Bas. Je ne savais pas que le Benelux n'est pas un pays, mais l'abréviation de Belgique, Nederland et Luxembourg. Quel nigaud! C'est d'ailleurs au cours de ce tournage que j'avais utilisé pour la première fois une caméra paluche rudimentaire, pour filmer discrètement les trafiquants.

J'aime bien la Belgique. Les Belges ont en eux une vraie gentillesse, ils sont très serviables, n'hésitant pas à expliquer trois fois le chemin pour être sûrs que tu as bien compris! Et j'apprécie, aussi, qu'à la différence des Français, ils n'aient pas de complexes. Ils s'assument et n'ont pas peur du ridicule. Cette authenticité et cette gentillesse sont souvent prises, à tort, pour de la naïveté. Moi, je me suis souvent dit que si je devais quitter la France, j'irais vivre en Belgique.

Aujourd'hui, quand je repense à cet épisode, j'ai le souvenir de m'être bien amusé. Je commence mon voyage à Binche, une petite ville wallonne située pas très loin de la frontière française. La région est sinistrée depuis que les mines ont fermé. La vie continue, mais elle est difficile. À Binche, tout tourne autour du carnaval. Je savais qu'il y en avait un, mais c'est seulement sur place que j'ai découvert à quel point il est important. On est au mois de juin, le prochain aura lieu en février, et pourtant tout le monde m'en parle. Je passe trois jours dans cette petite ville, je rigole beaucoup et je picole pas mal. Lorsque je regarde les images, à ce moment-là, je trouve ça un peu caricatural: je me dis qu'on va penser que les Français continuent de plaisanter sur les Belges. Du coup, je fais une chose inhabituelle: je retourne à Binche quinze jours plus tard, en semaine cette fois, histoire de saisir autre chose. Raté: je retrouve la même atmosphère, je bois des coups et je filme le même genre de séquences! Et je décide de me faire une raison...

Anvers est une grande ville très différente. Comme j'aime bien tout essayer, je commence par aller voir les diamantaires. J'arrive à avoir de bons contacts, mais dès qu'ils comprennent que je filme, ça coince. Pourtant, je garde la séquence: ça montre une réalité et la difficulté d'entrer dans ce milieu. Plus tard, je rencontre des jeunes qui construisent un petit catamaran pour traverser l'Atlantique. Ils improvisent une soirée sur le chantier. J'y retrouve avec plaisir l'atmosphère des fêtes chaleureuses comme j'en ai vécu beaucoup. Je les ai appelés récemment pour prendre de leurs nouvelles. Ils ont abandonné le projet de traversée de l'Atlantique, mais Glenn s'est marié. Il a passé au doigt de son épouse l'alliance de diamants qu'il m'avait montrée.

Lors de ce voyage, je constate que l'ambiance en Flandres est très différente de celle qui règne en Wallonie. Je pense qu'il y a plus de différences culturelles entre le nord et le sud de la Belgique, qu'entre Binche et la Picardie ou le nord de la France. Si on ajoute à ça les problèmes de langue, je ne suis pas surpris que ces deux populations aient du mal à s'entendre.

Ils m'expliquent que leurs épouses doivent être soumises, et comment ils font pour les garder. ***Des « leçons d'amour », en quelque sorte !*** *C'est plutôt raide.*

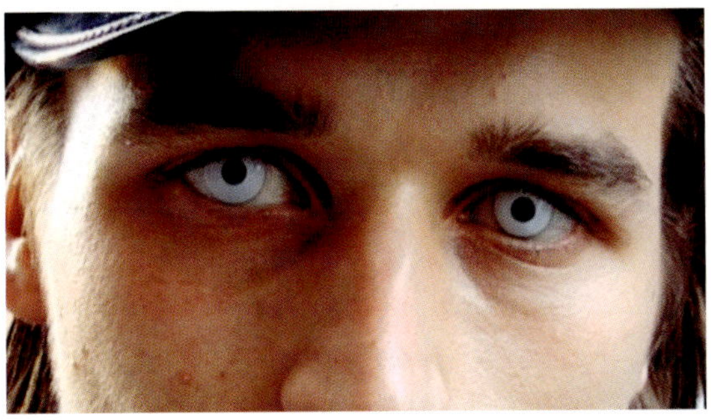

et comment ils font pour les garder. Des « leçons d'amour », en quelque sorte ! C'est plutôt raide.
Plus tard, au moment du montage, je me demande s'ils m'ont fait marcher. Je ne suis pas journaliste, mais j'essaie d'être sûr de ce que je donne à voir. Alors je me souviens qu'avant de passer à table, j'ai discuté avec un vieux paysan voisin, qui m'a parlé également des femmes. Ici, m'a-t-il expliqué, c'est comme dans les années cinquante, les femmes ne peuvent pas être les égales des hommes, même si elles ne sont pas des esclaves non plus, comme au début du siècle. Cette discussion est dans les bonus du DVD. Toujours à ce propos, j'ai également appelé d'autres personnes que j'avais rencontrées sur place. Au final, je ne sais pas vraiment. Les jeunes m'ont peut-être raconté des blagues, mais Dédé probablement pas. Il sera d'ailleurs plutôt content de cet épisode, puisqu'il me rappellera pour me proposer de filmer une manifestation dans son village ! Mais je refuserai, tout simplement parce que je ne veux rien préparer. Ce n'est pas dans l'esprit de *J'irai dormir chez vous*.
Il me reste, toutefois, un regret : ne pas avoir tourné à Bruxelles. La capitale de l'Europe aurait bien complété ce voyage en Belgique. Tant pis, ce sera peut-être pour une autre fois.

Quant à Spa, la troisième destination de ce numéro, je l'ai choisie pour son côté rural. Une fois sur place, je me balade à pied dans la campagne. Peu après, je rencontre des paysans qui me font visiter leurs serres et m'emmènent en tracteur. C'est sympa, mais je sens qu'il ne va pas se passer grand-chose, alors je repars sur le chemin. Je passe devant une petite ferme lorsqu'une jeune femme m'interpelle. Elle est intriguée par mon matériel. Rapidement, je pressens un univers à part, une ambiance décalée, peut-être même un peu louche. Mais ça rigole, donc pas de raison de s'inquiéter. Pourtant, l'atmosphère change lorsque arrive **Dédé**, un barbu d'une quarantaine d'années. Je ne sais pas trop ce qu'il fait dans la vie, mais je comprends vite qu'il n'aime pas tellement la police. Il veut bien que je le filme, à condition qu'on ne voie pas son visage. Pour que les choses soient claires pour lui, je mets la main devant l'objectif dès que je le pointe dans sa direction. Le fait que son visage soit dissimulé et non flouté donne beaucoup de force au personnage.
Il me montre ses fausses plaques d'immatriculation, me raconte toutes sortes d'histoires plus ou moins licites. À la tombée de la nuit, Dédé s'amuse bien et je vois qu'une complicité s'installe. Mais les relations humaines ne sont pas une science exacte et j'hésite à passer plus de temps ici. Finalement je reste, et ça donnera cette séquence étonnante, le soir, avec les hommes dehors, qui dînent entre eux, pendant que les femmes s'occupent des enfants à l'étage. Ils m'expliquent que leurs épouses doivent être soumises,

La Belgique en quelques chiffres

Date du premier carnaval historique à Binche : 1395
Nombre de bières belges commercialisées : 2 410
Consommation moyenne de bière en Belgique : 76,7 l/hab/an (2010)
Distance Anvers-New York : 5 870 km
Pourcentage de diamants bruts passant par la Bourse du diamant d'Anvers : 80 % de la production mondiale
Poids du plus gros diamant taillé au monde (conservé à Anvers) : 555,5 carats, 55 facettes

Au lit !

Pourquoi *je me suis fait plaisir en allant à Angkor.* **Pourquoi** *les Cambodgiens sont supergentils.* **Pourquoi** *Tong, dans son village à la frontière du Laos, est l'une des plus belles rencontres de la série.*

Cambodge

J'irai dormir chez vous

Je rêve depuis bien longtemps d'aller voir les temples d'Angkor. Ils ont été inaccessibles pendant plusieurs dizaines d'années, d'abord à cause de la guerre, puis parce qu'il a fallu déminer la région. Je me rappelle avoir eu très envie d'y aller en 1988. À cette époque, le journaliste Christian Poveda m'avait confié le tournage d'un film sur la contrefaçon dans le Benelux, parce qu'il ne pouvait pas l'assurer: il venait enfin d'obtenir l'autorisation de filmer les temples d'Angkor, et je serais bien parti avec lui! Quelques années plus tard, mon ami Dany Cleyet-Marrel part à son tour filmer les temples d'Angkor avec la Cinébulle. Je fais partie de ceux qui ont développé ce prototype bizarre de montgolfière, qui permet des vues aériennes en douceur au-dessus de la végétation. Pour résumer, c'est une montgolfière dont le panier a été remplacé par une banquette. Le cameraman et le pilote ont les pieds dans le vide. L'engin est équipé d'un moteur, ce qui lui permet de se déplacer à une vitesse d'une vingtaine de kilomètres par heure. Pas de chance, cette fois non plus, je ne pars pas en tournage... Et je le regrette bien!

Mais à présent que la série commence à être lancée, je peux choisir les destinations en fonction de mes envies. Tourner un épisode au Cambodge en fait plus que jamais partie !

Donc, en septembre 2005, lorsque je me retrouve au milieu des temples d'Angkor, je suis vraiment content. Sauf que ce n'est pas le meilleur endroit pour rencontrer les Cambodgiens : je croise essentiellement des touristes étrangers...

La ville de Siém Réap n'est qu'à quelques kilomètres. Sur place, je rencontre rapidement Ban, un chauffeur de taxi. Je passe la soirée chez lui et son épouse. Ils vivent dans un quartier assez peuplé, constitué de petites maisons imbriquées les unes dans les autres. Le dîner est agréable, mais ils ne peuvent pas m'héberger pour la nuit. Je ne garderai pas la séquence dans le film car je vais croiser **Vanna**, une Cambodgienne vivant aux États-Unis, venue pour les funérailles de sa belle-mère. Une rencontre filmée in extremis, juste avant de reprendre l'avion pour Paris.

En fait, j'ai repéré le port de Siém Réap en prenant le bateau pour Battambang, la deuxième étape de mon voyage. C'est une étroite langue de terre qui avance sur le lac, bordée de dizaines de bateaux dont une bonne partie sont des habitations. Les gens vont et viennent au milieu des chiens et des cochons. C'est très vivant. Je sens tout de suite qu'il y a un bon potentiel de rencontres. Du coup, à la fin de mon périple, de retour à Siém Réap, je prends quelques heures pour flâner au milieu de ces bateaux.

C'est Vanna qui vient me chercher. Elle veut que je filme les préparatifs et la veillée funèbre. Elle m'invite sur la barge où tout le monde est réuni. Les gens prient, chantent. Elle m'offre à boire et prend soin de moi, comme pour être sûre que je ne vais pas m'en aller. Je saisis avec ma caméra l'atmosphère, les enfants que l'on rase en signe de deuil, et je passe la nuit avec eux.

Le lendemain, Vanna tient à ce que je filme la cérémonie. Au vu de mon expérience, je sais que la séquence a peu de chances d'être intéressante pour le film. En effet, j'avais commis cette erreur lors de mon premier tournage au Mali. J'avais tourné, en plus de mes rencontres, des séquences sur la vie des gens, avec un aspect informatif et documentaire. De retour en France, mes producteurs de Bonne Pioche avaient été unanimes: on avait déjà vu ce genre d'images des centaines de fois. Ce qui les intéressait, c'était de me voir confronté à des situations inattendues. Or, il est évident que durant l'enterrement, je serai discret, simplement observateur. Mais je dois bien ça à Vanna. Et pour bien terminer ma mission, je file chez un photographe pour lui graver un DVD que je lui donne le jour même.

Deuxième halte dans mon parcours cambodgien : Battambang. C'est la deuxième ville du pays et je suis surpris: je pensais qu'il y aurait plus de gens qui parlent encore le français, même si les Français sont partis depuis longtemps. En fait, il n'y a pratiquement plus de vieux : ils ont été éliminés par les Khmers rouges. Or ce sont eux qui, pour la plupart, parlaient le français. Toute la génération francophile a disparu pendant le génocide.

Je sens que les habitants sont meurtris, encore aujourd'hui. Ils sont presque trop doux. Ils ont pris une telle claque ! Il me semble qu'il va encore falloir un peu de temps pour que l'énergie revienne vraiment. En attendant, cela me permet d'aller dans des endroits que j'aurais peut-être évités dans un autre pays...

Par exemple, cette nuit où je fais une virée dans un bar glauque et mal éclairé. Il y a essentiellement des types en train de boire, probablement quelques prostituées aussi, et je suis le seul étranger... Je filme, mais tout se passe bien. Ma présence est tellement inattendue que les mecs ont une sorte de considération pour moi ! Je pense même que si ça dégénérait pour une raison ou pour une autre, certains me protégeraient. Peut-être parce qu'ils respectent le fait que je vienne à leur rencontre...

Les séquences que je garderai de cette étape sont ma nuit dans le monastère avec les moines et le moment passé avec les démineurs. C'est là que je vais boire un des plus étranges breuvages de ma vie. Ils m'apportent un grand pot rempli d'un alcool dans lequel marinent les cadavres d'une bonne cinquantaine de mygales velues. Hum... Déroutant au premier abord!

Mais il y a longtemps que je suis arrivé à prendre du recul par rapport à ces choses. Pour cela, il suffit de se mettre dans la peau d'un Japonais à qui l'on fait goûter du munster: pour un Japonais, le munster est du lait qu'on a laissé pourrir jusqu'aux limites du supportable, c'est une bouillasse en décomposition, gluante, et ça pue la mort. Comment peut-on manger ce truc ? Pour un Français, c'est un excellent fromage, qui a du caractère (j'aime bien dire qu'il a du «slip»). Tout simplement parce qu'il fait partie de notre culture.

Bref, quand on est confronté à ce genre de situations, il suffit de se dire que ça fait partie de ta culture et au moment où tu goûtes, de ne pas penser à l'idée, mais uniquement au goût. C'est ce que j'ai fait et ça ne m'a pas posé de problème de boire cet alcool aromatisé à la mygale. Ça a un petit goût de miel pas désagréable. Alors que si on se met à penser que c'est dû à l'arôme des viscères de la bestiole en décomposition, on n'arrivera plus à boire. Simple, non ?

Troisième et dernière étape de mon voyage, le village de Ban Lung, dans le Nord, près de la frontière du Laos. Cette partie représente un tiers du film, pourtant elle n'a été tournée qu'en un peu plus de douze heures. Je crois bien que c'est la fois où les choses se sont le mieux enchaînées.

C'est là que je rencontre Tong et **je pense que c'est une des deux plus belles séquences de la série.**

Pour information, les séquences de déplacement dans le pays avec l'image coupée en quatre ne durent que vingt secondes, mais elles me prennent souvent un ou deux jours de tournage. Eh oui ! il faut le temps de faire le voyage.
Donc, dans le nord du Cambodge, après avoir posé mes affaires dans un hôtel, je sors dans la rue en milieu d'après-midi pour essayer de trouver une moto. Le problème est rapidement réglé et je prends la route au hasard sur les chemins boueux. J'atterris dans un hameau où je rencontre **Tong**. Je ne le sais pas encore, mais je tiens là une des deux plus belles séquences de la série, avec celle des chevriers en Grèce.
La rencontre est d'autant plus belle qu'elle se fait par le biais de la musique… C'est exactement ce que j'espérais trouver lorsque j'ai lancé *J'irai dormir chez vous* : être dans l'échange, et même la communion avec l'autre, alors que tout nous sépare.
Lorsque je découvre ce petit grand-père, on reste nez à nez. On se regarde et on sourit. Un embryon de complicité se crée, mais il nous est impossible de communiquer. C'est alors que Tong saisit un instrument de musique à cordes, et qu'il entame une mélopée répétitive. Quand j'étais petit, j'ai appris à faire la chouette en soufflant dans mes mains. Cela produit un son de flûte assez doux. J'ai beaucoup travaillé le principe, et aujourd'hui, c'est devenu pour moi un véritable instrument de musique. J'arrive, par exemple, à jouer l'*Ave Maria* de Gounod, ou le prélude de Bach. Je me mets donc à jouer avec lui. Ça l'amuse, il rigole. Je sens que la séquence est excellente. À ce moment-là, j'ai une angoisse. Et si les caméras ne tournaient pas ? Un rapide coup d'œil à la télécommande, à la fin du morceau, lèvera mes doutes. Ouf !
Au final, la rencontre avec Tong dure près de neuf minutes dans un film qui en fait cinquante-deux ! Ça aussi, c'est exceptionnel ! Au début de la série, je n'aurais jamais osé monter une séquence aussi longue. Lorsqu'on visionne le film, avec la chaîne Voyage, les responsables se demandent si ce n'est pas trop long. En les questionnant, je m'aperçois qu'ils ont été captivés, mais une séquence aussi longue, normalement, ça ne se fait pas, ils ont peur que les spectateurs changent de chaîne. Toutefois, la série est lancée. Elle est appréciée parce qu'elle est différente de ce qui se fait habituellement. On n'est donc plus obligé de respecter les canons et les recettes des programmes de télévision. On laissera la séquence telle quelle. Et c'est une bonne chose !

Le Cambodge en quelques chiffres

Nombre de visiteurs des temples d'Angkor en 2010 : 2,2 millions
Nombre d'élèves étudiant le français en 2010 : 114 529, soit 3 % des élèves et étudiants confondus
Espérance de vie au Cambodge : 62 ans en 2009
Record du budget de tournage le moins élevé : 320 $ pour *If God Sent His Angel*, tourné au Cambodge par K. M. Lo en 2005

Antoine passe à table

Corée du Sud
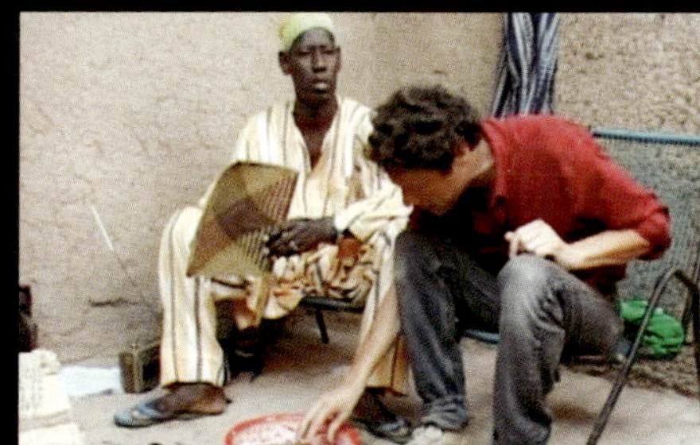

Corée du Sud

Mongolie

Pourquoi je parviens à déjouer la foule sur la place Tian'anmen. **Pourquoi**, sur la Grande Muraille, j'hypothèque une bonne séquence plus tard à Pékin. **Pourquoi** Shanghai m'étonne autant. **Pourquoi** ma mauvaise prononciation du chinois provoque la colère d'une vieille paysanne.

Chine

J'irai dormir chez vous

Lorsque je me rends en Chine, fin septembre 2005, il y a déjà deux ans que j'ai tourné le premier *J'irai dormir chez vous,* mais la série reste confidentielle. On ne peut la suivre que sur la chaîne câblée Voyage : Canal +, qui a diffusé les dix premiers numéros, a décidé de ne pas continuer, privilégiant *Les Nouveaux Explorateurs*, une émission en préparation. On a bien eu quelques rendez-vous avec les responsables de France 5, qui sera plus tard notre principal diffuseur, mais ça n'avance plus.

Tant pis. Je continue mes voyages.

La Chine est une première pour moi, je n'y ai jamais mis les pieds. Pour une fois, je me renseigne auprès de copains qui y sont allés. Je veux surtout savoir si je risque d'être ennuyé par la police avec mes caméras.

Comme à chaque fois, je compte partir avec un visa touriste. En effet, une demande de visa pour un film serait plus compliquée et j'ai peur que l'on m'impose un accompagnateur, ce qui ficherait tout par terre. Soit dit en passant, c'est la raison pour laquelle je ne suis pas allé au Bhoutan : les touristes n'ont pas le droit de se déplacer seuls dans ce pays.

Lorsque j'arrive à Pékin, je sens un côté extrêmement austère. Il fait gris et froid. Le soir, sans mon matériel, je jette un coup d'œil sur la place Tian'anmen. Une grande place sans intérêt, mais avec beaucoup de policiers. Je fais un tour dans la Cité interdite. Elle est immense et je finis par prendre un pousse-pousse pour terminer mon périple.

Le lendemain matin, avant de partir vers la Grande Muraille, je file place Tian'anmen pour tourner une petite séquence d'ouverture. La place est bondée : j'apprendrai plus tard que c'est le jour de la fête nationale. Je fais rapidement mes images, que je complète par quelques vues de l'intérieur de la Cité interdite.

Au moment de ressortir, je remarque que la police ne laisse passer les gens que dans un sens, vu la densité de la foule. Il faut faire tout le tour, au moins quatre kilomètres. Je n'ai pas le temps ! Je vais donc voir un premier policier, qui me fait signe de rebrousser chemin. Alors je fais de grands gestes en parlant beaucoup, mais avec un grand sourire. Désarçonné, il a un mouvement embarrassé pour me signifier qu'il ne comprend pas. Sans me départir de mon énergie, je vais voir un autre policier et je recommence mon manège. Même résultat. J'en avise un troisième, qui ne sait pas non plus quelle attitude adopter. J'ai trouvé la solution à mon problème : de policier en policier, je remonte la foule à contre-courant, et lorsque j'arrive au dernier, je n'ai plus rien à lui dire, puisque je suis dehors !

Cette attitude fonctionnera très bien avec les policiers chinois. Ils sont peut-être très durs avec leurs concitoyens, mais face à un touriste exubérant, harnaché n'importe comment, ils ne savent plus quoi faire. Ça me rappelle quand j'étais jeune. On n'avait pas le droit d'être deux sur une mobylette. Quand on se faisait attraper, on avait parfois un PV. Curieusement, chaque fois que l'on s'est fait arrêter à trois sur une mobylette, on sortait du cadre classique. Les flics étaient déroutés par notre culot : ils nous disaient de continuer à pied, et on n'a jamais eu d'amende !

Toujours est-il qu'après la Cité interdite, je me dirige vers la Grande Muraille. Certains endroits sont très courus des touristes mais j'en repère un, dans un guide, qui semble moins

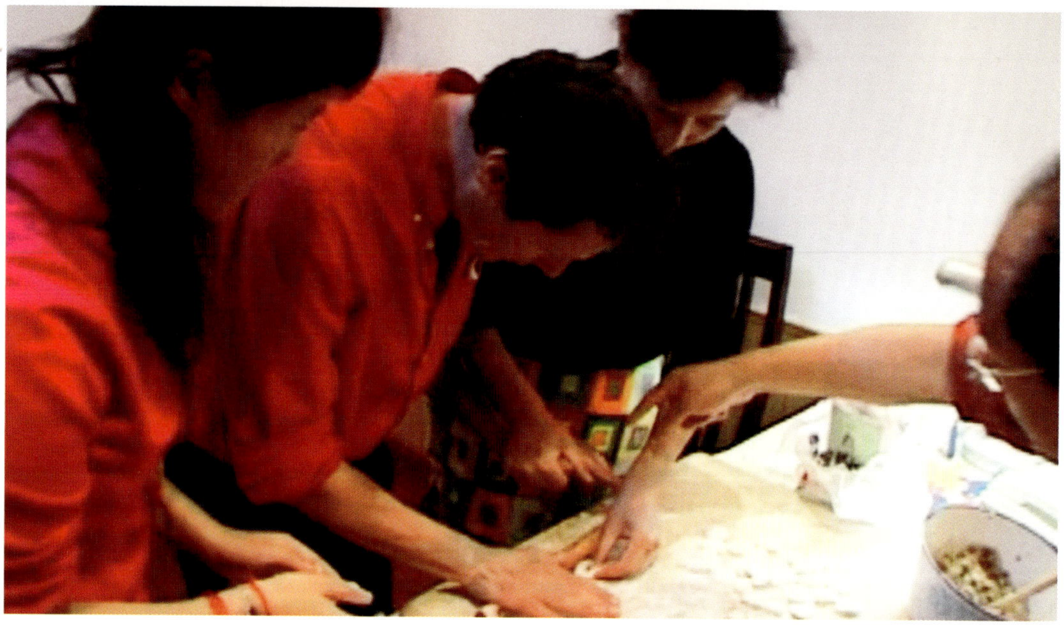

La minute d'Antoine taquin

fréquenté. Effectivement, lorsque j'arrive, je suis le seul étranger. Il y a quelques boutiques, et un ou deux hôtels. C'est dans l'un d'eux que je rencontre la famille chinoise chez qui j'irai dormir, un peu plus tard, à Pékin.

Ils ont un peu picolé et sont particulièrement en forme. C'est à ce moment que j'apprends que c'est la fête nationale. En fin d'après-midi, nous partons tous ensemble faire un tour sur la Grande Muraille, dans une partie qui a été complètement refaite mais qui n'est pas encore ouverte au public. Le gardien qui nous en refuse l'accès se fait copieusement engueuler : le père de famille a peut-être des relations, en tout cas, il est persuasif. Nous nous promenons pendant une petite heure sur la fameuse Muraille. Comme elle épouse le relief, elle est particulièrement abrupte par endroits. C'est vertigineux. Une perte d'équilibre et c'est la gamelle assurée ! Bien qu'il n'ait servi à rien, un peu comme notre ligne Maginot, cet ouvrage fascine par sa démesure : il mesure plus de sept mille kilomètres !

C'est en descendant de la Grande Muraille que j'arrache le câble d'une des deux caméras. Je n'ai plus de retour de l'image dans mon viseur de contrôle. À cause de cet incident, je vais rater une bonne scène tournée un peu plus tard à Pékin. En effet, j'aperçois une colonne de militaires marchant au pas, à bonne allure. Ça m'amuse, je les rattrape et je les suis, marchant en cadence avec eux. Au bout d'un moment, un des militaires se retourne et me regarde d'un air interrogatif. Il parle un peu anglais. Je lui demande où ils vont. C'est la relève de la garde de la Banque de Chine. Je continue de les suivre et je commence à les taquiner. Je leur pose des questions : vont-ils à la cantine ? Est-ce que je peux les accompagner ? Je trouve ça rigolo, et bien que je les agace, je ne sens pas de tension.

Finalement, comme ils marchent vite, j'abandonne. Mais je sais que la séquence est bonne. C'est en arrivant à l'hôtel que je constate que la caméra située au bout de la tige, celle qui me filme, n'a pas fonctionné. Je suis vert. De dépit, je rembobine les deux cassettes pour les réutiliser le lendemain. C'est idiot : j'aurais pu conserver cette scène pour les bonus. J'avais poussé assez loin le bouchon et il était intéressant de voir que, même dans un pays totalitaire, j'avais pu filmer et taquiner des militaires. Encore une fois, le fait d'être un hurluberlu m'avait permis d'obtenir une séquence originale. Dommage !

Shanghai est la deuxième partie de cet épisode, même si, en réalité, je commence par là. Je suis très étonné par cette ville. Rien à voir avec Pékin: le centre-ville est très moderne, plus récent que le centre de Tokyo. L'architecture des immeubles de Shanghai est sacrément audacieuse, très haut de gamme. Quant à West Huaihai Road, l'équivalent de nos Champs-Élysées, c'est une artère étonnamment lumineuse... Je pense à Paris, la plus belle ville du monde, assure-t-on. Je ne dis pas le contraire, mais en comparaison, elle est tout de même un peu terne. C'est sûrement ce qui fait son charme.

Je suis bien accueilli où que j'aille. Dans une petite cour où je me fais inviter à dîner, comme sur les grandes avenues, où je rencontre des étudiants en hôtellerie. De même lorsque je croise des retraités dans le train. Un peu partout, il y a de la gaieté. Je montre mes rencontres telles qu'elles se produisent. Et dans l'ensemble, les Chinois sont plutôt rigolos.

La dernière partie de ce voyage se déroule à la campagne, du côté de Xining, en plein centre de la Chine. Je veux aller à la rencontre des paysans. Pour sortir de la ville, je commence par prendre un bus, puis j'emprunte une sorte de taxi bizarre: une moto à trois roues avec une carrosserie autour. Sur la route, j'aperçois des paysans dans les champs. Je demande à mon chauffeur de me déposer au milieu de nulle part, en plein après-midi. Il est abasourdi. Je le paie et lui fais signe de partir. Il fait quelques mètres et s'arrête. Mon comportement est tellement inhabituel qu'il n'ose pas me laisser là. C'est seulement lorsqu'il me voit partir à travers champs qu'il redémarre.

Je commence à avoir de l'expérience et je sais que je prends un risque très mesuré. Dans ma poche, j'ai la carte de mon hôtel et de l'argent: si je n'arrive pas à me faire héberger, je trouverai toujours quelqu'un pour me ramener. En fin de compte, tout le monde peut faire ça. Il faut simplement accepter de ne pas savoir ce qui va se passer dans les deux heures qui vont suivre...

Par exemple, se faire chasser par une grand-mère! L'histoire est amusante... Il faut savoir au préalable que tout au long de ce voyage, j'utilise une phrase que m'a apprise une copine chinoise: « Ce soir, je dors chez toi, d'accord ? » Aussi, lorsque je rencontre cette paysanne, qui cherche des patates dans la terre, je lui pose ma question, tout fier. Surprise, elle accepte immédiatement, me fait entrer chez elle et m'offre même un verre d'eau. Je pose mon

La Chine en quelques chiffres

Nombre de pièces dans la Cité interdite (selon la légende) : 9 999,5

Nombre de toits visibles de la Cité interdite : 980

Vitesse moyenne d'un soldat chinois (marche rapide) : 8,5 km/h

Poids moyen d'un guide touristique sur la Chine : 741 g (726 pages en moyenne)

Nombre de langues parlées en Chine : 292

sac et commence à sortir quelques affaires. Je suis tout de même étonné que ça ait marché aussi vite. Une demi-heure après arrive la grand-mère, en fait sa belle-mère. Là, le ton change. Elle me fout dehors avec pertes et fracas. Je ne comprends rien, mais je n'ai pas d'autre solution que d'obtempérer. Heureusement, un peu plus loin je rencontre d'autres paysans, adorables, chez qui je passerai la nuit et la journée du lendemain.
Ce n'est qu'une fois rentré en France que je saurai pourquoi j'ai été chassé de la première maison. Lorsque je montre le film à ma copine chinoise, elle éclate de rire. J'avais tellement mal prononcé la phrase que la dame avait compris que je voulais de l'eau. Évidemment, lorsque sa belle-mère a vu que je m'installais dans la maison, elle a vu rouge !

Dans l'ensemble, je dois reconnaître que les Chinois sont des gens accueillants. ***Ils sont cash*** *et je les trouve assez marrants.*

Au lit !

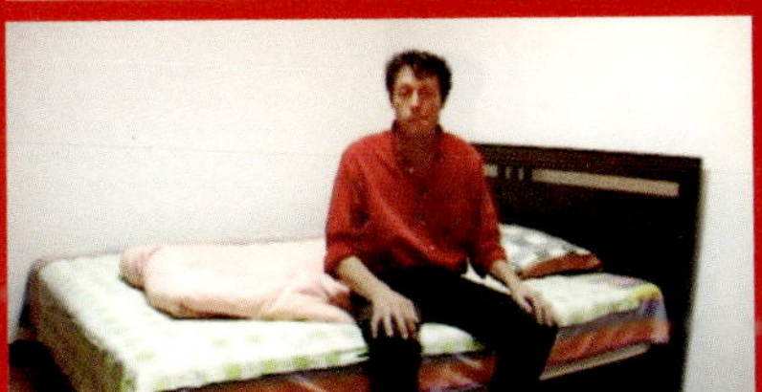

Pourquoi *j'ai bien failli ne pas y aller.* **Pourquoi***, sur place, je ne me sens pas toujours en position de faire l'andouille.* **Pourquoi** *je vis mon expérience la plus chaleureuse dans le Sud.*

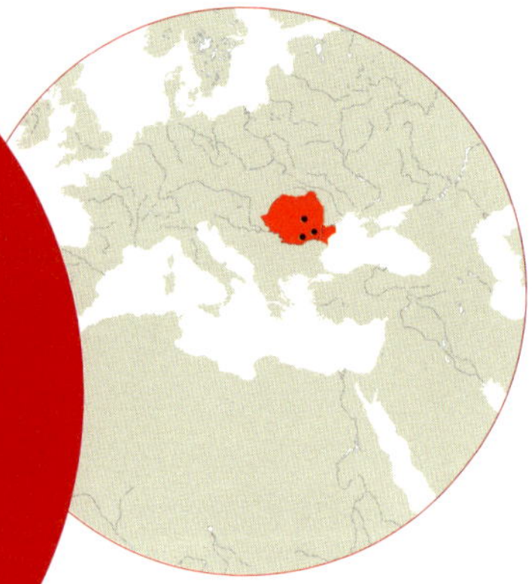

Roumanie

J'irai dormir chez vous

Je voulais aller en Roumanie, mais j'ai bien failli me retrouver en Hongrie ! En effet, une fille de l'agence de voyage, pas celle qui s'occupe de moi d'habitude, s'est trompée en émettant le billet : au lieu de Bucarest, elle m'envoie à Budapest. Comme je regarde vaguement le jour et l'heure du départ, je n'y fais pas attention et je me prépare. Heureusement, Kali Ligertwood, la chargée de production de Bonne Pioche, s'en aperçoit et fait changer le billet! Imaginons que personne ne l'ait vu et que je sois particulièrement distrait: j'aurais pris l'avion à l'heure dite et j'aurais découvert à l'arrivée que j'étais en Hongrie… N'ayant pas préparé mon voyage, ni même réservé d'hôtel, je me serais simplement dit: «Bon ben… je vais faire la Hongrie!» Cela n'aurait pas été plus grave que ça. Il y a tout de même une certaine légèreté dans cette émission.

La Roumanie, qui n'est pourtant qu'à deux heures de vol de Paris, est très mal connue des Français. C'est la première fois que j'y mets les pieds. Je passe ma première nuit à Bucarest, et dès le lendemain, je monte dans un train, propre et moderne, pour rejoindre la région touristique des Carpates, à proximité du château de Dracula. Et là, c'est le choc!

On est fin 2005, mais j'ai l'impression de me retrouver cinquante ans en arrière. Évidemment il y a quelques voitures, mais on croise surtout des charrettes tirées par un cheval. Les paysans font les meules de foin à la fourche et les gens sont habillés comme au siècle dernier : les hommes avec des casquettes, les femmes portant un foulard sur les cheveux, comme ma mère quand j'étais petit. C'est ahurissant! Et l'on est dans une région touristique.

Les gens ont l'air sombre, ça me démoralise. Pourtant, le tourisme prend son essor dans la région. Je rencontre un ambulancier qui aménage des chambres d'hôtes, espérant qu'elles se rempliront vite pour arrondir ses fins de mois. Il me demande de lui parler de la France, je vois que ça le fait rêver. Il aimerait y aller. Et j'ai même l'impression qu'il essaie de me mettre sa fille dans les pattes!

Je passe quand même un moment très gai avec une famille de paysans. Mais le soufflé retombe lorsqu'ils me font entrer dans leur maison. De longs silences. Je sens qu'ils ont honte. Je n'insiste pas et je repars. Tout ça me laisse une impression profonde de tristesse. Les gens ne semblent pas heureux. C'est peut-être dû au fait qu'on est en novembre, la saison du grand blues, même chez nous.

Je retourne à Bucarest. Il fait gris et froid. Ici non plus, ce n'est pas gai. Je vois des enfants dormir dans les jardins publics. Des vieux vivent dans la rue. Je me promène sur les marchés. Je ne me sens pas toujours en position de faire l'andouille. J'ai peur que les gens pensent que je me moque d'eux. Et puis, j'essaie de comprendre pourquoi ils sont plus tristes que les Africains qui, pourtant, possèdent souvent beaucoup moins qu'eux.

Heureusement, je rencontre des étudiantes drôles et enthousiastes. On sent le manque de moyens, ici aussi. Je les accompagne à leur leçon de tennis : elles sont huit sur chaque court, elles ne risquent donc pas d'apprendre grand-chose! Mais l'ambiance est sympa. Ensuite, nous allons tous manger un morceau dans un fast-food. Elles évoquent les problèmes du pays. C'est merveilleux, la fougue de la jeunesse! Elles veulent changer le monde. On parle de leurs espoirs, elles croient en l'avenir et ça

fait plaisir à entendre. En revanche, la rencontre avec **Liliana** ne me remonte pas le moral. Une cinquantaine d'années, au chômage depuis quatre ans, elle a du mal à s'en sortir. Elle est pourtant ingénieur et, de surcroît, parle très bien le français. Elle accepte de me recevoir à dîner. J'apporte une bonne viande pour égayer la soirée. C'est intéressant, elle me raconte la période de Ceausescu. Il n'y avait aucune liberté, m'explique-t-elle, deux heures de télévision par jour qui ne parlaient que du président. On ne trouvait rien dans les magasins, tout était rationné. Je sens un soupçon de regret, pourtant, lorsqu'elle ajoute qu'à cette époque tout le monde avait une maison et qu'il n'y avait pas de chômage...
Pour terminer mon voyage, je pars dans le sud du pays, près de la frontière bulgare, à Rosiorii de Vede. L'ambiance générale n'est pas, non plus, d'une folle gaieté. Le temps est toujours humide et froid. Je rencontre **Cornel** au marché, un soir. Il parle un peu français et accepte de m'inviter à dîner. Nous faisons quelques courses et nous allons chez lui. Mais lorsque sa femme arrive, elle me dit bonjour puis disparaît. Commence alors un moment assez étrange, où l'on regarde la télé, tous les deux, pendant une heure et demie, tandis qu'elle s'est enfermée dans la cuisine. Je me demande ce qu'elle peut bien nous cuisiner. C'est d'autant plus déroutant que Cornel ne dit plus rien. Au bout d'un moment, je crève l'abcès et l'interroge : y aurait-il un problème ? Je comprends alors que sa femme n'est pas du tout aux fourneaux : elle attend que je parte. Finalement, j'invite Cornel au restaurant. Au moins, cela me donne un épilogue !
Heureusement, un moment particulièrement gai va clore ce voyage en Roumanie. Je me promène au hasard dans un petit village. Déjà, ça a bien commencé parce que je m'y suis rendu en stop, et que ceux qui m'ont pris ont refusé que je leur donne quoi que ce soit. Ils étaient simplement contents de me rendre service. À un moment, j'aperçois des gens en train de faire griller de la viande. J'entre dans la cour, ils m'accueillent avec un verre de whisky. Les uns après les autres, les membres de la famille sortent de la maison. Ce jour-là, c'est l'anniversaire de la petite dernière... Je suis invité à entrer. L'alcool aidant, l'ambiance est très chaleureuse. Ils chantent, la grand-mère cabotine, elle est marrante. Après le voyage que je viens de vivre, c'est inespéré ! En fin de soirée, je ne suis plus vraiment en état de rentrer. On me donne un lit et je trouve encore l'énergie de me filmer au moment de me coucher. Il fait froid, même à l'intérieur de la maison ! Ça me rappelle lorsque j'avais une quinzaine d'années. Pour prendre un peu d'indépendance, j'avais installé mon lit dans un grenier sans chauffage chez mes parents. Le chauffer n'aurait pas eu de sens, il n'y avait pas de carreaux aux fenêtres. Quoi qu'il en soit, ce soir-là en Roumanie, je m'endors comme un loir. Mission accomplie...

La Roumanie en quelques chiffres

Proportion de mots roumains issus du français : 22 %
Nombre d'ours en liberté dans les Carpates : 6 700 en 2007
Nombre de visiteurs du château de Dracula : 600 000/an environ
Prix de vente du château de Dracula (mis en vente par la famille Habsbourg en 2007) : 60 millions d'euros

Au lit !

Pourquoi je retourne en Éthiopie pour la sixième fois. **Pourquoi** ma nuit à Lalibela reste un souvenir épique. **Pourquoi** je mets en garde deux jeunes filles à Addis-Abeba. **Pourquoi** on n'est pas forcément perdu dans la brousse africaine.

Éthiopie

J'irai dormir chez vous

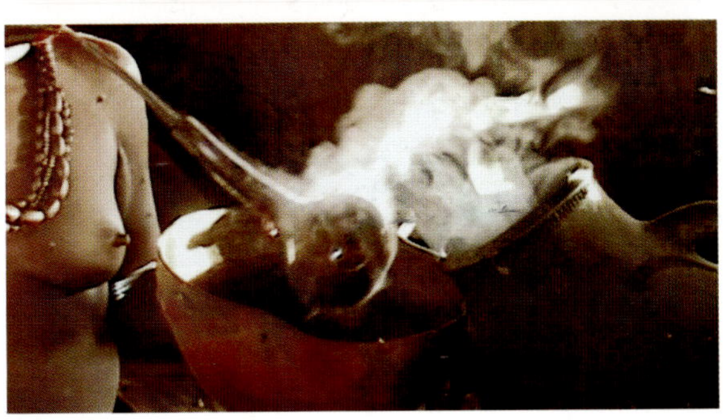

En décembre 2005, je suis encore à la recherche d'ambiances complémentaires pour *J'irai dormir chez vous*. Après la Chine et la Roumanie, les deux épisodes précédents, je me dis qu'il serait bienvenu de retourner en Afrique. L'Éthiopie me paraît une bonne idée. Je connais bien ce pays, sauf le Sud, parce que j'y suis déjà allé cinq fois. La première, en 1987, pour le tournage du *Peuple singe*, le long métrage de Gérard Vienne, produit par Jacques Perrin. Ce sera, d'ailleurs, le premier volet de la série « Le Peuple... », constituée également de *Microcosmos, le peuple de l'herbe*, puis du *Peuple migrateur*. À l'époque, quand je pars avec Gérard, c'est la dictature de Mengistu et l'atmosphère est triste à pleurer. Quand j'y retourne pour *JDCV*, le pays a bien changé. Je débarque à Lalibela, dans le Nord. Je me promène dans les rues de terre de la petite ville quand tout à coup un type me hèle. Au début, je n'y fais pas trop attention, les Éthiopiens essaient souvent d'alpaguer les touristes. En revanche, lorsqu'il m'appelle par mon prénom, je m'arrête, stupéfait. Il me rappelle que nous avons travaillé ensemble, dix ans auparavant. Je suis épaté qu'il se soit souvenu de mon prénom !

Effectivement, en 1995, j'ai fait les images du film de mon copain Gauthier Flauder, au cœur de la cité médiévale de Lalibela. C'est à cette époque que j'ai découvert cette ville exceptionnelle. On trouve ici une dizaine d'églises, dont certaines sont taillées d'une seule pièce dans la roche. Imaginez que l'on creuse dans le sol une énorme cavité et que l'on laisse, au centre, une église monobloc. Les murs, les escaliers et même les barreaux des fenêtres sont taillés dans un seul et même bloc de roche. C'est extrêmement beau. Nous avions filmé l'histoire d'un jeune homme qui vient à la ville pour embrasser la religion, et nous avions baigné dans cette atmosphère durant plusieurs semaines. Ce tournage était magique : il se dégage de cet endroit une telle ferveur religieuse ! De fait, on présente Lalibela comme la Jérusalem noire. D'ailleurs, les croyants sont tout à leur foi et ne font absolument pas attention aux touristes. Comme s'ils ne vivaient pas dans la même dimension.

C'est dans une de ces églises que j'ai rencontré **Andebet** et sa famille de marathoniens. Il est diacre, et aide lors des offices. Il m'entraîne vers les cases de terre où il habite et me présente à toute sa famille. Ses frères n'ont qu'une idée en tête : devenir champions de marathon. Après avoir partagé leur soupe « spéciale » (eau, sucre et farine d'orge) et leur galette de céréales, je dors chez eux et... cela reste, certainement, l'une des nuits les plus inconfortables de la série ! D'abord, nous sommes neuf, serrés les uns contre les autres sous un abri de branchages. Et, surtout, j'ai la tête sur un gros caillou ! Mais je suis crevé, et je finis par m'endormir. J'ai connu pire, cela dit, lors d'un voyage en Amazonie. J'avais vingt-quatre ans à l'époque, et l'on était parti avec un Zodiac : l'un de nous a dormi à bord pour qu'on ne se le fasse pas voler. Sans moustiquaire, ça relevait de l'exploit ! Je m'étais allongé sur le dos, mon drap coincé sous les pieds et la tête pour me protéger. J'avais gardé le doigt en l'air pour le soutenir, un peu comme une tente. Ça ne réglait pas vraiment le problème : les moustiques me piquaient le bout du doigt ! Là encore, pourtant, j'avais fini par m'endormir.

Addis-Abeba, la capitale, est la deuxième étape de cet épisode éthiopien. Au départ, mon idée est de rencontrer des gens riches, histoire de ne pas toujours montrer la même image de ce pays. Il y en a, évidemment. Je trouve les beaux quartiers et je commence à taper aux portes. Les seuls qui me laissent entrer chez eux sont des expatriés, ravis d'avoir un peu de visite. Avec les Éthiopiens, ça ne marche pas du tout. C'est tout de même rigolo. Néanmoins, je me rabats sur le quartier des affaires.

C'est là qu'Ellen et Hanna m'accostent. Elles n'ont même pas dix-huit ans et n'ont pas froid aux yeux! Elles me font un tel rentre-dedans que je n'y crois pas! Leur but : épouser un étranger pour quitter le pays. Elles font ça avec la fougue et la naïveté de l'adolescence, même si je pense qu'elles savent que ça ne peut pas marcher. Elles sont vraiment drôles et très expressives. C'est bien pour le film. J'ai envie d'en savoir plus et je leur demande si on peut aller chez leurs parents. Cela aura aussi l'avantage de m'éviter de me retrouver dans une situation juridiquement délicate. Hanna

Après avoir partagé leur soupe «spéciale» et leur galette de céréales, je dors chez eux et....

pousse un cri de joie, comme si j'allais me marier avec elle. C'est hilarant. La mère m'accueille bien, mais lorsqu'elle comprend que j'aimerais rester pour la nuit, elle est bien embarrassée. Du coup, j'invite les deux filles au restaurant pour terminer la soirée. Avant de les quitter, je les mets en garde, comme un papa: «Si vous continuez comme ça, vous allez vous retrouver avec un gamin et ne vous leurrez pas, le père ne vous emmènera pas en Europe...» J'espère que le message est passé.

À noter que lorsque je suis passé à Vancouver, pour les jeux Olympiques en 2010, j'ai rencontré un Éthiopien qui avait vu l'épisode et qui connaissait Hanna... Comme quoi, le monde est parfois bien petit!

Troisième et dernière halte de ce périple : le sud du pays. Sur place, c'est davantage l'aventure qu'ailleurs, d'autant que les rapports avec certaines tribus sont parfois difficiles. On dit même qu'il peut être hasardeux de se déplacer seul. Je m'en rends compte dès que je mets les pieds au marché de Jinka. Les Mursis – cette tribu dont les femmes portent un plateau coincé dans la lèvre inférieure – me demandent de les filmer contre de l'argent. Ils sont assez agressifs. J'apprends qu'ils ont mauvaise réputation, même auprès des autres ethnies. En conséquence, je me joins à un couple de touristes pour faire un saut dans un village. Et je constate qu'ils sont très enquiquinants. Ils me voleront même un sac dans la voiture. Après une demi-heure de transactions, j'arriverai à le récupérer, mais moyennant finances!

Finalement, comme je voyage seul et que j'ai du matériel coûteux, je trouve déraisonnable de me balader en territoire mursi au petit bonheur la chance. Je préfère aller plus au sud, où se trouvent les tribus Hamers. On m'en a déjà parlé et il suffit de regarder des photos pour comprendre qu'ils sont beaucoup plus doux.

Je récupère une moto, et me voilà parti! Cent kilomètres sur une piste de terre et de sable, c'est trois heures de moto au bas mot. À la fois rien et beaucoup. Je pars avec le minimum. Des batteries bien chargées, puisque je ne trouverai pas d'électricité, des cassettes, ma moustiquaire. D'un point de vue logistique, j'ai trois litres d'eau, quelques paquets de biscuits, deux barres chocolatées et des pastilles pour purifier l'eau quand j'aurai tout bu. De quoi tenir un ou deux jours, si je ne trouve rien d'autre.

Bien m'en prend, car la moto tombe en panne... sous une chaleur écrasante. Je suis très contrarié : ma situation se complique. Paradoxalement, je garde un bon moral. Les péripéties sont toujours bonnes pour le film. En clair, plus j'ai d'emmerdements, plus le spectateur est content!

Au début, on peut croire que je suis dans un endroit désert. Mais ce qui semble être la brousse est en fait une zone de cultures. Ici, il n'y a pas de champs bien rectangulaires comme en France. Les arbustes qui m'entourent sont du café et les buissons du sorgho.

Et qui dit culture, dit cultivateurs. D'ailleurs, quelques minutes plus tard, **Kolé** semble sortir de nulle part. Il a une quinzaine d'années. Il m'aide à pousser la moto et comme la nuit va tomber, il me propose de venir chez lui.

Je découvre alors une grande famille souriante et adorable. Je leur donne mes biscuits et ils m'offrent de la farine de sorgho. J'y perds au change, ce n'est vraiment pas bon ! C'est pourtant ce qu'ils mangent toute l'année, pratiquement à tous les repas. On ne connaît pas notre chance en France, le pays de la bouffe, où l'on râle quand on mange la même chose deux jours de suite...

Il naît une vraie complicité entre nous, dans le hameau, même si nous ne pouvons pas échanger deux mots. Le lendemain, je fais une réparation de fortune sur la moto et je reprends ma route après leur avoir laissé un peu d'argent. Je ne leur enverrai pas le DVD, cela ne servirait à rien. En revanche, je sais que les photos qu'ils recevront dans quelques mois seront très appréciées.

Difficile par moments, ce voyage n'a jamais cessé d'être intéressant. De fait, lorsque nous avons sorti le premier DVD, nous avons choisi les destinations «Éthiopie» et «Japon». Avec ces deux pays, on voyait d'emblée la variété de la série. Deux belles virées dans des cultures complètement différentes.

L'Éthiopie en quelques chiffres

Record du monde de marathon : 2 h 3 min 59 s (Haile Gebreselassie, en 2008)

Taille d'un caféier sauvage : jusqu'à 8 m (2-3 m pour la culture)

Production d'un caféier : 450 g/an

Heure de coucher du soleil en Éthiopie en décembre : entre 18 h 03 et 18 h 16

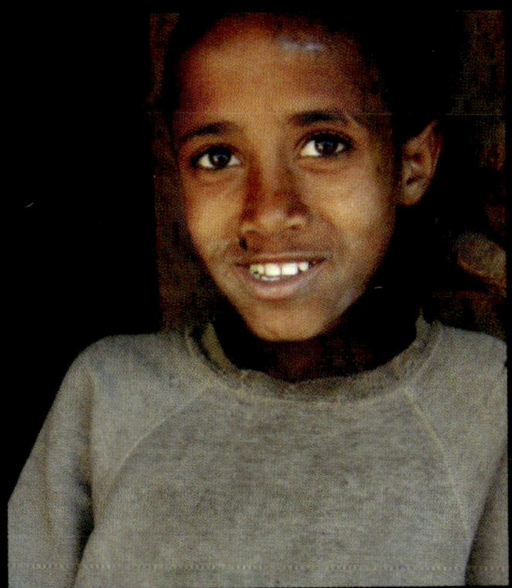

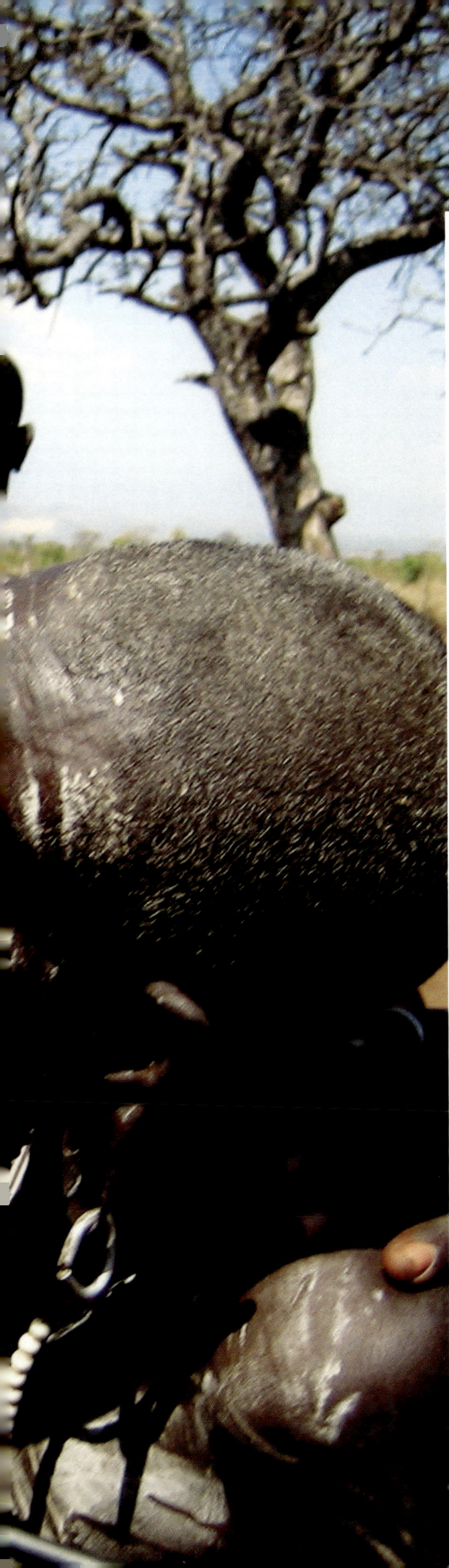

Cadeaux

Ce que cela veut dire pour moi

On me demande souvent si je fais des cadeaux aux gens chez qui je dors. Évidemment! Sauf quand c'est vraiment compliqué. Par exemple, j'aurais aimé offrir quelque chose à Jean-Marcel à Madagascar. Mais j'étais arrivé chez lui par hasard en train, et son hameau n'était desservi qu'une fois par jour. Lui rapporter un cadeau m'aurait pris quarante-huit heures.

Ce sont, bien sûr, des cadeaux adaptés à mes hôtes : je ne vais pas arriver avec une bonne bouteille dans une tribu africaine, ni quitter des Suisses en leur laissant un peu d'argent!

En réalité, tout au long de cette série, j'ai offert des objets très variés : une batterie de couteaux de cuisine à Marie-Irène au Vanuatu, un Thermos à Changmei en Chine, même s'il m'a fallu l'après-midi pour le lui apporter. Au Cambodge, j'ai invité des moines au restaurant, j'ai filmé un enterrement et réussi à offrir le DVD le jour même.

Dans les pays pauvres, je donne de l'argent au chef de famille. Mais je le donne le lendemain: ce n'est pas une rémunération en échange d'un service, c'est un cadeau.

Certains hésitent à accepter et je les persuade en disant que c'est pour leurs enfants. Et puis il y a ceux qui refusent catégoriquement. Ça arrive plus souvent qu'on ne le croit. Et ce sont parfois des gens très pauvres. À ce moment, le cadeau, c'est la fierté qu'ils ont de t'avoir vraiment invité.

Et puis, il y a le cadeau que j'envoie à tous ceux chez qui j'ai dormi : le DVD du film terminé.

À ceux qui n'ont pas la télévision, j'envoie des photos de leur village.

Il m'est arrivé d'envoyer un mandat après être rentré en France, simplement parce que je trouvais bien de le faire.

Enfin, mon dernier cadeau n'est pas un cadeau matériel. En France, je n'aime pas raconter mes voyages parce qu'on me pose toujours les mêmes questions. Mais quand des gens m'accueillent, je fais l'effort de leur raconter comment est la vie de l'autre côté de la Terre. Pour ceux qui ne voyagent jamais, ça aussi, c'est un cadeau.

Pourquoi je vais dans les Émirats plutôt qu'en Arabie saoudite. **Pourquoi** Samia, une femme voilée, peut m'aborder dans la rue alors que je suis un homme. **Pourquoi** l'usage des caméras est si difficile et pourquoi je choisis de désobéir aux lois locales. **Pourquoi** je peux dormir chez Ahmad, mais sans rencontrer le reste de sa famille.

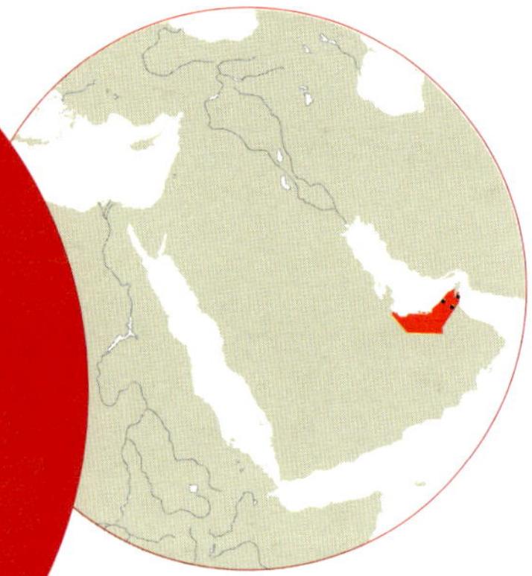

Émirats

J'irai dormir chez vous

Lorsque je m'envole pour les Émirats arabes unis, en janvier 2006, je n'y ai jamais mis les pieds. Une dizaine d'années auparavant, j'avais tourné un film sur les babouins en Arabie saoudite, durant quatre semaines. Une expérience d'autant plus intéressante qu'il est rare de pouvoir pénétrer dans ce pays. Il n'existe même pas de visa de tourisme, on ne peut y aller que pour affaires. Or, pour ce documentaire animalier, nous avons eu la chance d'avoir un laissez-passer du prince, ce qui nous donnait une liberté de circulation totale. C'est ainsi que nous avons rencontré des Bédouins au cours de nos pérégrinations. Ils ne voient jamais d'étrangers et ont été ravis : ils voulaient absolument tuer une chèvre et nous garder à dîner. Nous n'avons malheureusement pas pu rester, mais je le regrette encore. En 2006, je veux filmer un épisode sur la péninsule arabique, et puisque je ne peux pas retourner chez les Saoudiens, je pense alors aux Émirats, pour lesquels il n'y a pas besoin de visa.

Les Émirats sont une fédération de sept émirats, dont les plus connus sont Dubai et Abu Dhabi. C'est un endroit étonnant. Les Émiratis ont décidé de développer le tourisme ; ils ont bien compris qu'ils ne pourraient attirer les vacanciers en les privant d'alcool, de boîtes de nuit et de bains de soleil. Il y a donc une très grande tolérance à leur égard. Pour preuve : on trouve côte à côte, sur les plages, des femmes intégralement voilées de noir et des Occidentales en bikini ! C'est surréaliste.

La minute d'Antoine taquin

Mais le fossé entre les deux cultures demeure, et la plupart des Émiratis se méfient des Occidentaux. Je les comprends. Chez eux, la séparation entre les hommes et les femmes est très importante. Par exemple, pour les mariages, il y a deux fêtes, une pour les hommes et une pour les femmes. Inconcevable chez nous ! D'un autre côté, quand ils regardent les chaînes de télévision occidentales, ils constatent que dans pratiquement tous les films, on voit au moins un couple qui s'embrasse, quand ils ne sont pas carrément à poil en train de faire l'amour. Et encore, je ne parle pas des films porno... Alors, évidemment, quand les touristes débarquent chez eux, je peux comprendre qu'ils aient une certaine méfiance. Cette différence culturelle va être tout l'intérêt de ce voyage.

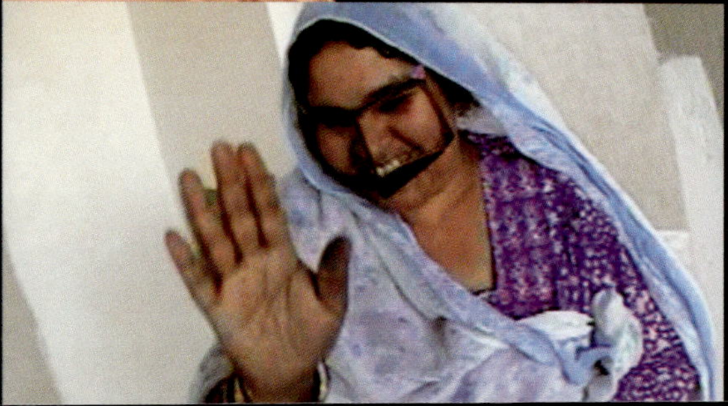

Émirats
J'irai dormir chez vous / Épisode 17

Lorsque je lui explique qu'en France, tu peux coucher avec une femme comme tu veux, mais il faut qu'elle soit d'accord.

Visiblement, il n'avait pas pensé à cet aspect de la chose.

Ma première étape, pour ce dix-septième épisode, c'est Khor Fakkan, une station balnéaire au bord de la mer d'Oman. Des dizaines d'hôtels de luxe sont en construction. Et pas un seul touriste! Janvier est pourtant une période où le climat est agréable. J'ai du mal à croire que ces hôtels seront remplis un jour: il y a tellement d'endroits plus beaux et moins chers sur la planète! Mais ce n'est pas mon problème...

C'est là, en tout cas, que je croise **Samia**. Elle est tellement drôle! Elle m'interpelle en anglais, au volant de sa voiture. Cette attitude, de la part d'une femme voilée, me surprend. Je pensais qu'elles ne parlaient pas aux hommes, surtout en les apostrophant. Elle m'explique que ces règles sont surtout valables avec les hommes d'ici. Avec un étranger, c'est plus souple.

Elle est venue en famille passer le week-end et j'en profite évidemment pour lui demander si je peux venir chez elle, histoire de rencontrer sa famille. Rendez-vous est pris pour le lendemain. Mais on n'a pas précisé l'heure. J'ai beau arriver en début d'après-midi, ils sont déjà sur le départ pour rentrer à Dubai : dommage, ça n'ira pas plus loin!

En fait, si j'arrive seulement dans l'après-midi, c'est parce que j'ai dormi, la veille, chez **Mohammad**, un jeune homme que j'ai croisé sur la plage et dont le père est imam. Il a une vingtaine d'années et il accepte que je vienne dormir chez lui. Il habite hors de la ville, je dois le suivre de nuit en voiture. À aucun moment je n'ai la moindre inquiétude, le pays est incroyablement sûr.

Mohammad a très envie de savoir comment est la vie en France. Il est épaté que l'on puisse coucher avec une femme sans être marié. Je lui précise toutefois, parce que je ne suis pas sûr qu'il ait bien compris, qu'on ne se «sert» pas comme ça: il faut aussi qu'elle soit d'accord! On parle également du mariage homosexuel. Autant de choses énormes pour lui, dans la mesure où, ici, ce sont des délits punis de prison.

Je me rends compte de la profondeur du fossé qui nous sépare lorsque, tout excité, il me montre un dessin animé coquin sur son ordinateur : un petit garçon qui fait une bise sur la joue d'une petite fille. Il me parle de sa petite amie, dont il n'a évidemment rien dit à son père. Je me demande bien ce qu'il fait avec elle...

Autre étape, autres décalages : Dubai. Cette ville est complètement dingue! D'abord, on y trouve la tour la plus haute du monde: 828 mètres, deux fois et demie la hauteur de la tour Eiffel. Ils ont également créé des îles artificielles en forme de palmier sur la mer. Et l'on peut même faire du ski... dans un centre commercial ! Des remonte-pentes, de la vraie neige, tout ça dans un immense frigo: c'est ahurissant. Évidemment, je ne me prive pas d'essayer!

Dubai, c'est aussi cette séquence délicate avec une famille qui pique-nique dans le parc. Il y a un vrai problème avec les caméras, dans le pays. Au début, le contact est sympa, mais lorsqu'ils comprennent que je suis en train de tourner, les choses se corsent. Ils ne veulent absolument pas que leurs femmes, qui sont pourtant voilées, soient filmées. Or c'est déjà fait. Je suis obligé de leur mentir pour me sortir de cette situation.

Je me retrouve donc face à un vrai dilemme: pour la suite du tournage, est-ce que je respecte les habitants? Et donc, je ne montre pas ces images... Ou est-ce que je montre une

Il a l'ouverture d'esprit de comprendre que je viens d'ailleurs.
Par exemple, je prends les dattes avec la main gauche, cela ne se fait pas. Eh bien, il rigole !

réalité, à savoir qu'il est difficile de filmer les gens dans le pays ? Il faut bien comprendre que la frontière est ténue, entre ce que l'on peut filmer ou pas. Finalement, je prends la décision de montrer mes images. Sinon, il n'y a plus d'épisode...

Plus tard, en France, je rencontrerai des musulmanes voilées qui aiment la série. On parlera ensemble de cette séquence, et elles me diront qu'elles ont apprécié que je la laisse...

Après Dubai, je me dirige vers les champs de pétrole. C'est une région très particulière. J'emprunte une longue route toute droite, mais avant d'apercevoir les premiers derricks, je tombe sur des panneaux qui m'interdisent d'aller plus loin. Toute une partie des Émirats est purement et simplement interdite aux étrangers. Dommage. Heureusement, dans *J'irai dormir chez vous*, l'échec est aussi intéressant que la réussite. Mon seul impératif : saisir ce que je vis et ce que je vois. C'est tout.

Ultime étape de cet épisode : Hatta, à la frontière du sultanat d'Oman. Je suis venu ici au hasard, comme souvent. Je me promène dans les faubourgs de la bourgade. Il y a de belles maisons neuves partout. Le gouvernement considère que chaque habitant doit avoir la sienne. Un peu comme des HLM, mais bien mieux.

La plupart des habitants sont des Bédouins qui vivaient sous la tente il n'y a pas si longtemps. Et ça se traduit d'une manière étonnante : ils installent de grands tapis à la porte de leur garage et y passent la journée. C'est là que l'on se rencontre et que se déroule l'essentiel de la vie sociale. Et c'est dans un garage que je passe un moment avec une famille. On m'offre le thé. Mais je ne pourrai pas rester.

Ma plus belle rencontre, c'est **Ahmad**. Je l'aime bien parce qu'il a une vraie ouverture d'esprit : il veut me parler de son pays et de ses coutumes, pour que j'en rapporte une vision exacte. Il accepte de m'héberger pour la nuit... mais dans la pièce réservée aux invités. Je ne verrai ni sa famille, ni le reste de la maison. Tout simplement parce que c'est comme ça que ça se passe ici.

En quittant le pays, je ne peux m'empêcher de penser que les Émirats risquent de changer. Dans dix à quinze ans, les jeunes adultes qui auront vu des jeunes femmes en maillot de bain sur les plages depuis leur enfance n'auront peut-être plus très envie de suivre les règles austères du pays. Qui vivra verra...

Les Émirats en quelques chiffres

Plus haute tour du monde en 2010 : Burj Khalifa à Dubai, 828 m, 160 étages

Piste de ski de Dubai : 6 000 t de neige fraîche pour 400 m de piste

Nombre de spectateurs du *soap opera* en arabe le plus regardé dans le monde arabe : 85 millions pour *Noor*, feuilleton turc

Au lit !

Pourquoi *ma plus grosse surprise en Écosse n'est pas le monstre du loch Ness.* **Pourquoi** *mon passage à Liverpool, un soir de match, est un heureux hasard.* **Pourquoi**, *même quand il neige au pays de Galles, cela finit en chansons.* **Pourquoi** *suivre un banquier pressé sur le pont de Londres peut être une forme d'aventure.*

Royaume-Uni

J'irai dormir chez vous

J'ai déjà vu toutes sortes de panneaux **mais jamais celui-là!**

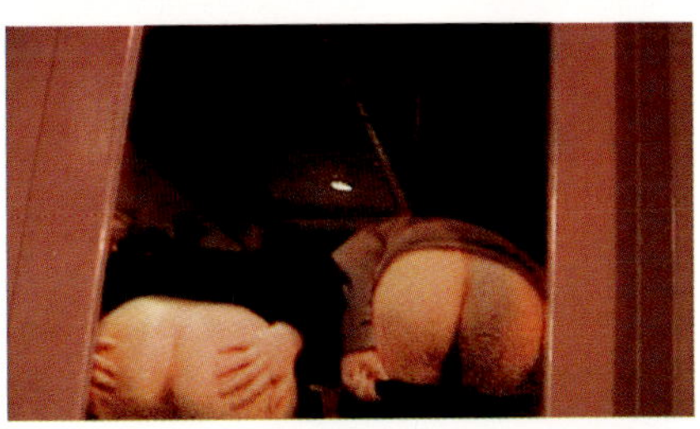

À l'époque, j'ai beau avoir parcouru plus de soixante pays, je n'ai encore jamais mis les pieds au Royaume-Uni ! C'est l'occasion. Je prends un avion pour Édimbourg, puis je loue une voiture. Je commence par un endroit mythique, qui m'attire depuis toujours : le loch Ness. Ce sera vite vu : il fait moche, l'endroit est touristique mais désert ce jour-là, et je n'ai aucune envie d'y rester. Moins d'une heure après être arrivé, je reprends la route et je file vers le nord de l'Écosse... Première surprise : on est en février et il fait tellement bon que je me retrouve au bord de la mer en chemise ! Je n'en reviens pas, surtout qu'au même moment, il fait froid en France. En 2006, la livre sterling n'a pas encore été dévaluée et je découvre rapidement, aussi, que le Royaume-Uni est un pays cher, plus encore que le Japon. Bizarrement, il est moins coûteux d'aller à l'hôtel que dans un *bed and breakfast* !

Comme d'habitude, je me promène au hasard, sans planning. C'est le meilleur moyen d'être surpris, et, surtout, disponible pour les situations inattendues. Beaucoup des moments forts de *J'irai dormir chez vous* sont liés au hasard. Ou, plutôt, à la façon de rebondir sur ce hasard. Mon voyage au Royaume-Uni n'échappe pas à la règle.

À première vue, l'extrême nord de l'Écosse n'est pas particulièrement animé non plus, surtout en pleine semaine. Alors, je me promène en voiture, sans but, disponible. Et j'aperçois un dessin multicolore sur le mur d'une maison. Je fais demi-tour et entre dans la cour. Je tombe nez à nez avec une dame qui s'en va. Elle a un rendez-vous, mais elle m'invite à revenir deux heures plus tard.

Je reprends ma voiture, et je trouve un café perdu dans un village. Puisque j'ai un programme pour la soirée, je laisse mon matériel dans la voiture et j'entre pour me réchauffer. Il n'y a que deux clients au bar, dont l'un est passablement éméché, mais ils sont très sympas. Je commande une bière. On commence à échanger et, très rapidement, je me rends compte que cela ferait une bonne séquence. Je retourne à la voiture, je m'équipe et reviens dans le bar. Je fais comme si j'entrais pour la première fois et je leur dis bonjour. Comme souvent, je suis si naturel qu'ils se comportent comme s'ils ne m'avaient jamais vu ! Et voilà, j'ai sauvé la rencontre, je pourrai utiliser la séquence... Elle sera d'ailleurs bien marrante !

Le soir, je retourne à la maison au dessin, et je découvre un étonnant couple de hippies. Ils sont adorables. Leur fils de treize ans m'amuse parce qu'il est passionné par les cochons. Je passerai la nuit chez eux et cette séquence, qui est la plus surprenante, achèvera l'épisode.

L'étape à Liverpool sera, elle aussi, complètement due au hasard. Je n'ai absolument pas prévu de m'y arrêter et je ne sais même pas que c'est dans le coin. Je suis en route pour le pays de Galles, mais c'est la galère avec les trains : un retard, une correspondance qui saute et me voilà coincé à Liverpool jusqu'au lendemain ! Je trouve un hôtel et j'envisage un moment de ne pas sortir pour me reposer. Finalement, comme on est samedi, je me décide à faire un tour. Dehors, je ne comprends pas bien pourquoi, mais je sens que l'atmosphère est électrique : je finis par apprendre que le très célèbre club de foot de Liverpool vient de battre Manchester United, son principal rival.

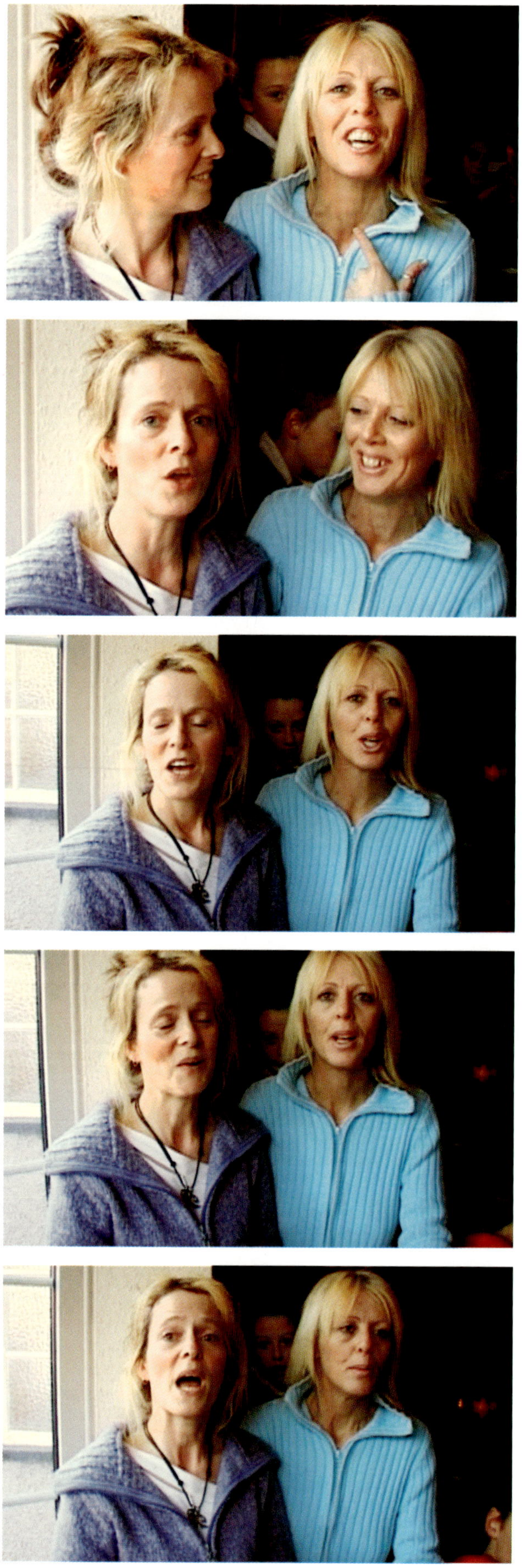

De toute évidence, **ces deux femmes sont en demande de quelque chose** *qui puisse changer, un peu, leur quotidien.*

Très rapidement, l'ambiance monte. Des groupes de supporters revenus du stade se promènent dans les rues. Les gens se lâchent et font à peu près n'importe quoi... Je parviens à entrer dans un bar. Assez vite, je me retrouve au diapason des gens que je filme. Je suis même un peu pété... Je vais aux toilettes, face à un grand urinoir. Mes caméras tournent. Je suis entouré de buveurs qui se soulagent. Mais ça reste clean et c'est drôle. Après la diffusion de l'épisode, sur France 5, une dame a écrit à la chaîne, scandalisée d'avoir vu «le reporter en pleine action». Moi je trouve ça bien, au contraire. D'accord, ce n'est pas très fin, mais c'est authentique!

Au pays de Galles, c'est également par hasard que j'aperçois deux femmes blondes, par une fenêtre. Cela fait un moment que je marche dans ce village désert, mais je crois en ma chance. Ce sont deux sœurs, Olga et Diana, avec leurs enfants. À l'évidence, elles s'ennuient parce que dès qu'elles me voient, elles m'ouvrent leur porte. Elles sont marrantes, et l'on passe un moment très sympa ensemble. Malheureusement, j'ai oublié de mettre des cassettes neuves pour les paluches, et l'enregistrement s'arrête au bout de quelques minutes. C'est donc avec ma caméra de poing que je filmerai leur jolie chanson *a capella*, ce qui me permettra de sauver la séquence.

Je termine mon voyage à Londres. Au centre, il y a beaucoup de touristes et j'ai du mal à rencontrer de vrais Anglais. J'ai quelques scènes, mais rien d'extraordinaire. Mon tournage se termine, je dois prendre le train pour Paris à midi. Je décide pourtant d'aller faire un dernier tour sur London Bridge. Un copain m'a dit que tous les matins, vers huit heures, les hommes d'affaires traversent ce pont pour rejoindre la City. Et d'ajouter qu'ils sont tellement sous pression qu'ils ne s'arrêtent pas, même lorsqu'on veut leur parler! Je trouve ça plutôt amusant. Et puis cela fera une petite séquence de plus.

J'arrive donc sur London Bridge. C'est très impressionnant. On dirait un défilé en accéléré. Ils sont tous en noir, avec leur attaché-case, et ils foncent. J'essaie d'en intercepter plusieurs, qui m'ignorent. C'est plutôt rigolo. Je finis par en repérer un qui laisse échapper un sourire. Je lui emboîte le pas et on échange quelques mots. Comme il est pressé, je lui demande d'emblée s'il m'invite à dîner le soir. Raté. Mais je pénètre avec lui dans un immeuble de bureaux. C'est à ce moment-là que le vigile vient me demander qui je suis.

Je noie un peu le poisson et j'en profite pour lui poser une question à mon tour: veut-il bien m'inviter chez lui? Pris de court, il hésite. Je vois que l'idée l'amuse. Il m'explique qu'il ne peut pas me recevoir dans les prochains jours. Je ne me dégonfle pas et lui demande alors ses coordonnées. De toute façon, mon train est dans trois heures, et surtout, le lendemain, je dois prendre un avion pour la Guadeloupe... Finalement, c'est seulement trois semaines plus tard, à mon retour de vacances, que je tournerai chez lui, à Southend-on-Sea. Une séquence décrochée in extremis!

Pour terminer, j'ai été surpris de découvrir que, contrairement aux Français, les Anglais ne sont pas enquiquinants avec le droit à l'image. Parfois, certains ont refusé de m'accueillir, mais jamais que j'utilise les images.

Le Royaume-Uni en quelques chiffres

Température moyenne au nord de l'Écosse en février : 5 °C

Densité de population : 67 hab/km², moins de 9 hab/km² au nord

Date du match historique de la League qui est à l'origine, selon les supporters, de la rivalité Manchester/Liverpool : 1965

Pourquoi, *sans rien connaître de Madagascar, j'avais envie d'y retourner.* **Pourquoi** *le tourisme à Nosy Be est plus complexe qu'il n'y paraît.* **Pourquoi** *le dernier train de l'île m'emmène non pas au bord de la mer mais au milieu de nulle part.* **Pourquoi** *Ambositra est mon étape préférée.*

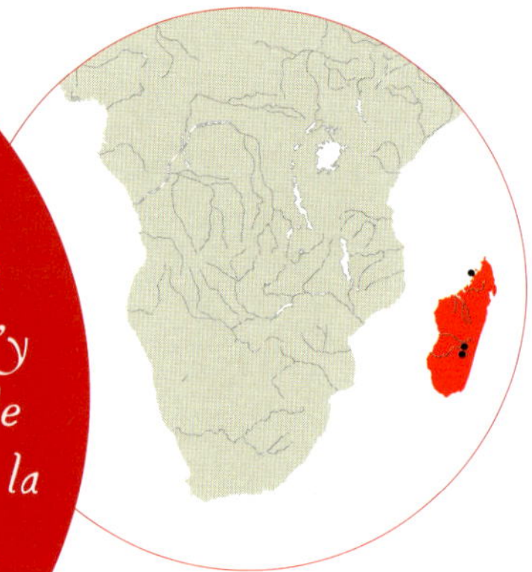

Madagascar

J'irai dormir chez vous

Je suis déjà allé à Madagascar en 2001. Je filmais une expédition scientifique du Radeau des cimes dans les forêt de la péninsule de Masoala, au nord-est de l'île. Je connais toute l'équipe depuis 1986 et c'était la quatrième fois que je partais en expédition avec eux. Le Radeau des cimes est un engin extraordinaire. Il s'agit d'une plate-forme de plusieurs centaines de mètres carrés constituée de boudins gonflés à l'air et de filets. Un dirigeable de cinquante mètres de long l'emporte et la dépose à la cime des arbres, puis les chercheurs grimpent sur le radeau et peuvent étudier confortablement la canopée, la couche supérieure de la forêt. Les missions scientifiques du Radeau des cimes sont spectaculaires et passionnantes.

Lors de ce tournage, j'étais allé directement au camp, en pleine forêt, et après trois semaines, j'avais enchaîné les avions pour me retrouver à Paris. Bref, je n'avais rien vu de Madagascar. Frustrant !

Donc, quand j'y retourne en mai 2006 pour *J'irai dormir chez vous*, je suis ravi – d'autant plus que beaucoup de Malgaches parlent français.

Je commence mon périple par la petite île de Nosy Be. Dans un premier temps, je loue une petite 4L décapotable et je me retrouve à faire le taxi. Je prends les habitants en stop, mais aucun n'est prêt à me recevoir chez lui. Probablement parce que l'île est très touristique. Je sens une sorte d'agacement envers les estivants.

Je découvre également que la situation est un peu… complexe. On trouve d'un côté le tourisme familial et de l'autre le tourisme sexuel, même si le second est loin d'être majoritaire.

Le soir, je tombe sur **Coretta**, une jeune femme, dans un bar d'Ambatoloaka. Plus exactement, c'est elle qui tombe sur moi : elle me reconnaît car elle a vu l'émission sur Canal Horizon, l'antenne malgache de Canal + ! Je suis très surpris parce qu'à l'époque *J'irai dormir chez vous* est encore confidentiel en France. Et là, plusieurs personnes me reconnaissent dans la rue. C'est déroutant.

Coretta m'entraîne avec elle et des amies dans un bar d'Hell-Ville. Là, je constate qu'il y a beaucoup de jeunes filles très proches d'hommes d'âge mûr, voire très mûr. Je n'ai aucun problème pour filmer, l'ambiance est bon enfant. Ça rigole beaucoup, mais je sens clairement que les rapports sont commerciaux. Au bout d'un moment, il y a comme une prise de conscience : les caméras dérangent,

Coretta vit seule avec ses deux enfants.
Elle m'invite chez elle le lendemain pour déjeuner avec l'un de ses amis. J'achète le poisson et elle le prépare.

il vaut mieux que je rentre. Heureusement, **Coretta** accepte de me recevoir à déjeuner le lendemain. Elle vit seule avec ses deux enfants, mais elle a invité également un de ses amis.

On va faire les courses, j'achète un poisson et elle le prépare. On parle de la prostitution sans tourner autour du pot. Elle connaît bien le milieu, me parle des jeunes filles que j'ai vues hier. Elle me dit que pour elles, c'est un moyen de gagner de l'argent mais aussi un jeu. Je ne sais pas trop quoi penser. Apparemment, ces jeunes filles sont majeures et elles s'amusent bien en courant après les Occidentaux. Et évidemment, eux en profitent. En quelque sorte, c'est un échange de mauvais procédés où tout le monde est consentant. Mais tout de même, ça me dérange un peu ces très jeunes filles sur les genoux des grands-pères…

Deuxième étape de ce voyage : le train. Je l'emprunte parce que c'est la dernière ligne qui fonctionne à Madagascar. Elle relie Fianarantsoa au port de Manakara, au bord de la mer. Mais je n'atteindrai pas la côte. Pendant le trajet, j'aperçois des petits patelins très mignons. J'ai une furieuse envie de m'arrêter, alors je descends au hasard ! Au moment où le train va repartir, le contrôleur accourt pour me faire remonter dans le wagon. Je lui dis que je vais rester ici. Il me prévient que le prochain train ne passera que le lendemain. L'idée me plaît encore plus. Je lui dis que c'est parfait et que je vais me débrouiller. Il est ahuri, les touristes aux fenêtres aussi.

Les enfants aperçoivent régulièrement des Blancs dans le train, mais ils ne les voient pas souvent dans le village. C'est la panique chez les petits, surtout si je les regarde dans les yeux. Un papa vient même avec son fils pour lui montrer un Blanc de près. Je vais rapidement rencontrer Jean-Marcel, l'épicier chez qui je vais passer la journée et la nuit. Sa femme et lui sont adorables. On parle de la vie, de tout. Le lendemain, en attendant mon train, je filme le petit marché au bord de la voie ferrée. Les gens rient, je sens que j'ai été adopté.

Pendant mon retour à Fianarantsoa, je prends quelques images dans les wagons pour compléter la séquence du train… et il tombe en panne. Pour être plus exact, il n'arrive pas à monter la côte parce qu'il est trop chargé ! Il est obligé de redescendre en marche arrière jusqu'à la gare précédente, pour reprendre de l'élan. J'aime ce genre d'imprévus. On s'amusera à insérer cette séquence en plein milieu du générique de fin.

J'irai dormir chez vous est un programme très formaté, mais on a le droit de bousculer la charte chaque fois que l'on en a envie : cela permet d'avoir un cadre rigoureux tout en conservant de la fantaisie. Ça tombe bien, j'ai toujours aimé enfreindre les règles.

Pour la dernière étape de mon voyage, je m'arrête dans la petite ville d'Ambositra. Je comptais remonter à Antananarivo, la capitale, mais j'ai été séduit par cette petite ville et je suis descendu du minibus. Elle ressemble un peu à une ville française, avec ses églises et ses maisons européennes. Je ne me sens pas comme un touriste car les gens ne font pas spécialement attention à moi. C'est détendu, calme et très agréable. J'adore cet endroit.

Je vais au marché, et il y a une bonne ambiance, les gens rient avec moi. Je ne sais pas pourquoi, mais les marchés sont souvent difficiles à filmer. Peut-être parce qu'il y a parfois des trafics, ou parce que c'est toujours là que viennent les équipes de tournage et que les gens en ont marre. En tout cas, celui d'Ambositra est particulièrement sympa. C'est même l'un des marchés, avec ceux d'Indonésie, où j'ai été le mieux accueilli.

C'est là que je croise Marina, alors qu'elle est en train d'acheter du tabac. Elle est veuve, et bien qu'elle n'ait qu'une quarantaine d'années, elle a déjà des petits-enfants. Après l'avoir accompagnée dans ses courses, je vais dormir dans sa famille. Ils vivent tous ensemble dans deux petites maisons. Je vois bien qu'ils ne roulent pas sur l'or, mais ils semblent s'en sortir et surtout ils sont très gais. C'est le vrai signe extérieur de richesse.

Le lendemain matin, le petit déjeuner est très sympathique : ce serait un bonne séquence pour clore l'épisode. Je me filme disant à la caméra que c'est la fin de ce voyage. Avec celle que j'ai tournée chez Jean-Marcel, j'ai désormais deux fins d'émission : on pourra choisir au montage. Finalement je terminerai par Jean-Marcel : la rencontre de Marina et de sa famille fera l'ouverture du film.

Madagascar en quelques chiffres

Nombre d'îles autour de Madagascar : 37
Superficie : 4e plus grande île du monde
Nombre total de villages : 13 476 ; 73,4 % de la population vivent en zone rurale.
Fianarantsoa-Manakara est la voie ferrée la plus longue : 180 km
Montant du SMIC à Madagascar : environ 35 euros

Belles images

Ce que cela veut dire pour moi

Avant de tourner la série, je réalisais des documentaires. J'utilisais une Betacam numérique, ce qui se faisait de mieux en matière de caméras à l'époque, mais j'avoue que les beaux plans n'étaient pas ma priorité. Heureusement, je travaillais avec des amoureux de l'image qui palliaient mes faiblesses.

Moi, je m'attachais beaucoup plus au contenu des images et à leur intensité. Évidemment, avec le temps, j'ai acquis un certain sens du cadre. Donc la belle image, pour moi, c'est surtout un plus, et on ne vient pas me chercher pour ça !

Je me souviens qu'à la suite de la diffusion de l'épisode «Bolivie-Pérou», plusieurs personnes m'ont fait remarquer que les images de l'île de Taquile étaient magnifiques... Ça m'avait fait sourire: j'avais fait la plupart des plans en marchant, et pour les vues qui étaient à peu près stables, je n'avais pas utilisé de pied... Tout avait été tourné avec une caméra amateur. En fait, ce qui était magnifique, c'était l'île de Taquile, dans les lumières du lac Titicaca.

Pourquoi je sais d'emblée que je dois faire attention en Bolivie. **Pourquoi** cela se confirme dès le deuxième soir à La Paz. **Pourquoi**, après cette tentative d'agression, je ne veux plus prendre aucun risque. **Pourquoi** je rentre à Paris, avant de repartir pour le Pérou, pour y achever calmement cet épisode mouvementé.

Bolivie-Pérou

J'irai dormir chez vous

C'est le vingtième épisode, on est en mai 2006 et je commence à être assez fatigué. J'ai enchaîné beaucoup de voyages. Pour être exact, j'ai tourné dix-neuf épisodes de cinquante-deux minutes en un peu plus de deux ans. Et ils sont pratiquement tous terminés ! J'ai choisi d'aller en Bolivie juste avant l'été, parce que je sais que les pays du nord de l'Amérique du Sud sont plus risqués, surtout lorsqu'on se promène seul avec du matériel: si je me fais tout voler, on aura le temps de refaire un équipement avant la reprise des tournages en septembre. En outre, un copain de Bonne Pioche me donne l'adresse d'un Français, **Maurice**, qui vit en Bolivie et peut m'héberger. Et c'est peut-être ce qui m'a évité de très gros ennuis.

Maurice est vraiment quelqu'un de sympa. Il vient me chercher à l'aéroport et accepte, par ailleurs, d'emmener en ville deux types que j'ai rencontrés dans l'avion. Lorsqu'il apprend qu'ils doivent passer deux jours à La Paz, il les invite aussi chez lui.

Je commence à tourner le jour même. Je traîne un peu dans les quartiers chic : quelques séquences amusantes. Mais ça va se corser dès le lendemain. En fin de journée, en plein centre-ville, une femme avec une veste en jeans entre dans le champ de ma caméra.

D'un ton agressif, elle me demande mon autorisation de tournage. Évidemment, je n'en ai pas. Elle me dit qu'elle est de la police et m'intime l'ordre de la suivre au commissariat. Pour cela, elle veut prendre un taxi, ce qui, en soi, n'est pas exceptionnel. La Bolivie est un pays pauvre, les policiers, mal équipés, les empruntent souvent.

Cela dit, j'ai lu sur le site du ministère des Affaires étrangères qu'il y a beaucoup d'agressions en Bolivie, et même des enlèvements de touristes. Par ailleurs, j'ai trop l'habitude de voyager pour la suivre comme ça. Je refuse donc énergiquement et lui demande à mon tour de me présenter sa carte de police. Elle me dit de montrer mon autorisation d'abord. Une vraie policière aurait été trop contente de me brandir sa carte, cela confirme ce que je pensais. Si j'étais monté dans la voiture, dans le meilleur des cas, je me serais fait dépouiller. Comme elle insiste, je l'informe que j'appelle l'ambassade de France. Un attroupement se forme et les gens prennent ma défense. Et là, je deviens vert de rage. Quel con ! Je n'ai même pas pensé à lancer mes enregistreurs. Heureusement, il n'est pas trop tard...

Le tournage Bolivie-Pérou est sans conteste ***l'un des plus forts de la série.***

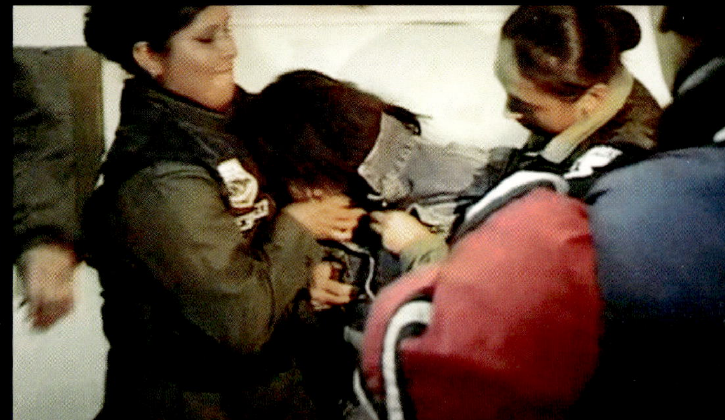

Si j'accepte de monter avec elle,
je comprends que ça peut
très mal finir.

Bolivie-Pérou en quelques chiffres

Altitude de La Paz : entre 3 300 et 3 800 m

Match de football le plus haut du monde : au sommet du volcan Sajama (Bolivie), 6 500 m d'altitude, en 2001 ; 3 jours d'ascension pour 2 mi-temps de 20 min

Longueur du lac Titicaca : 204 km

Population de Taquile, 2e île la plus habitée : 3 500 habitants

Nombre de doigts des premiers habitants du lac (selon la légende) : 6 à chaque main

C'est à ce moment-là que des policiers en tenue arrivent. Ils arrêtent la fausse policière, mais je me méfie : en Bolivie, on trouve également de faux policiers en tenue ! C'est seulement lorsqu'une femme et sa fille acceptent de venir témoigner que je consens à monter dans l'un des taxis qui nous emmènent au commissariat.

Dès lors, tout s'accélère. Déposition, formalités diverses, puis défilé des chaînes de télévision. Je passe en direct dans le journal du soir : je suis dépassé par les événements ! Moi qui voulais être discret... Je filme tout ça.

Le lendemain, je pense d'abord quitter le pays, mais finalement, je prends un avion pour Rurrenabaque, en Amazonie bolivienne, histoire de changer d'air. C'est une petite ville de province comme je les aime, et ici tout se passe bien: il est juste un peu gênant d'être reconnu dans la rue, car certains se souviennent de m'avoir vu à la télé, aux actualités... Malgré tout, je fais plusieurs belles rencontres, l'atmosphère est détendue, tout ça est très agréable.

Quelques jours plus tard, je retourne à La Paz. Lorsque j'arrive chez Maurice, j'apprends que la fausse policière a été libérée, faute de preuves. Plus grave, des gens ont téléphoné chez lui pour savoir où j'étais. Comment ont-ils eu son numéro ? Mystère. On me dit également que l'on voit régulièrement une voiture en planque devant la résidence. Là, ça pue franchement.

Maurice s'est arrangé pour que je passe la nuit ailleurs, et il me conseille de quitter le pays. Je pense effectivement que c'est la seule solution. De toute façon, je ne peux pas continuer le tournage. Comment rencontrer des Boliviens au hasard des rues, alors que des gens que je ne connais pas cherchent à me coincer ? J'étais un chasseur taquin, je suis maintenant une cible bien identifiée.

Pour être sûr de ne pas être suivi, c'est couché sur le plancher d'une voiture que je pars de chez Maurice pour aller dormir dans une résidence, dans l'enceinte de l'ambassade de France. Le lendemain, un chauffeur vient me chercher pour m'emmener directement à l'aéroport. Sur la route, je suis tendu : si quelqu'un sait où je suis, c'est maintenant qu'il va chercher à m'intercepter. J'ai peut-être tort, mais je me sens en danger. Je suis prêt à tout, je suis entré dans la logique du mec qui ne doit plus faire d'erreurs. Je crois bien qu'à ce moment-là, si un pneu avait éclaté, j'aurais sauté de la voiture pour partir en courant !

Je ne me détends qu'une fois dans l'avion. Je réfléchis à ce qui vient de se passer et je me rends compte que j'ai eu beaucoup de chance. Si, au lieu d'être allé chez Maurice, je m'étais trouvé dans un hôtel, il est probable que personne ne m'aurait mis en garde. Que me serait-il arrivé ? Je préfère ne pas le savoir !

Quinze heures plus tard, je suis à Paris et je ne sais pas comment je vais terminer cet épisode. Lorsque je regarde mes images, je m'aperçois que je n'en ai pas assez : je dois repartir. J'avais prévu de finir mon voyage sur une île du lac Titicaca ; puisque je ne peux pas retourner en Bolivie, je pars pour l'île de Taquile, située également sur le lac, mais de l'autre côté de la frontière, au Pérou !

C'est là que je rencontrerai **Eusebio**, dans sa petite maison de pierre, avec ses bonnets traditionnels, sa soupe de maïs le soir... mais également son téléphone portable, ses trois télévisions couleur et son lecteur de DVD. Une belle fin pour ce voyage mouvementé.

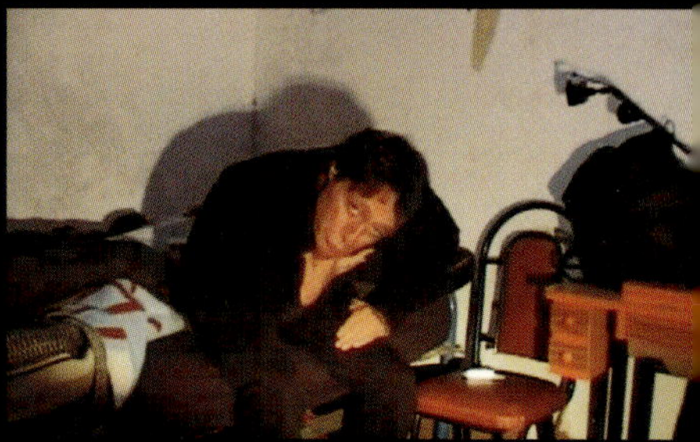

Antoine a dormi chez eux

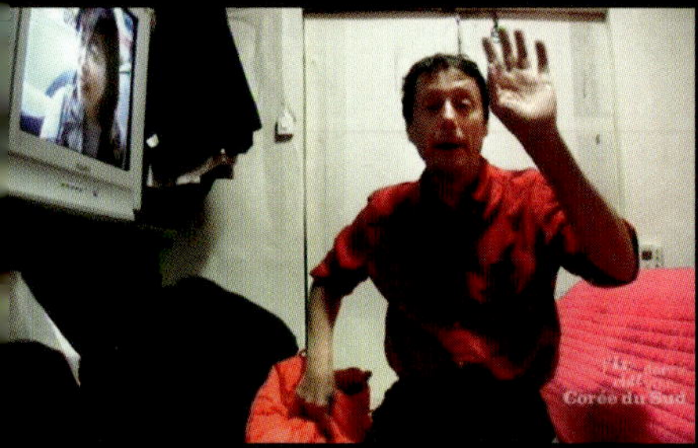

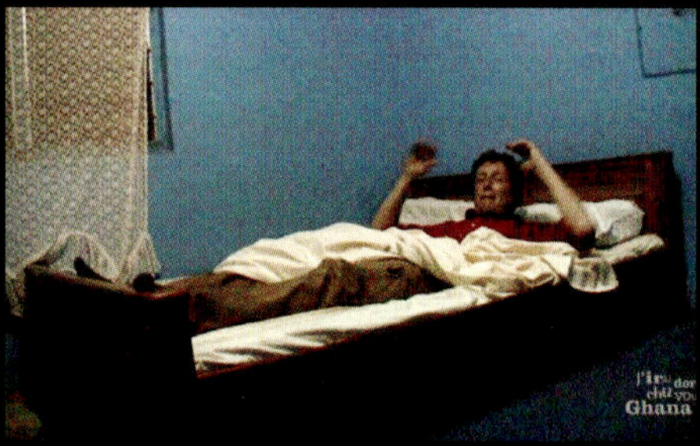

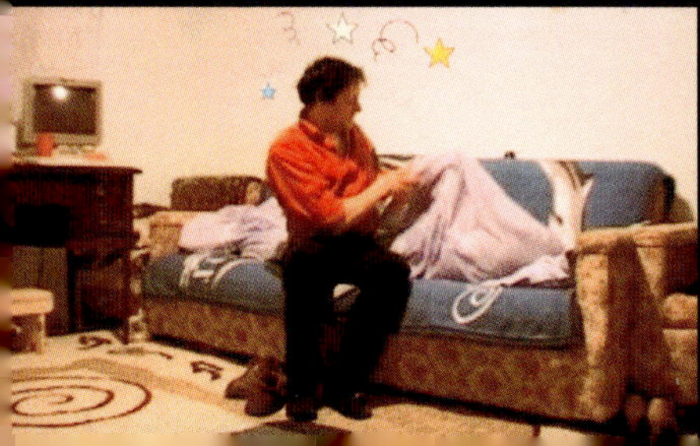

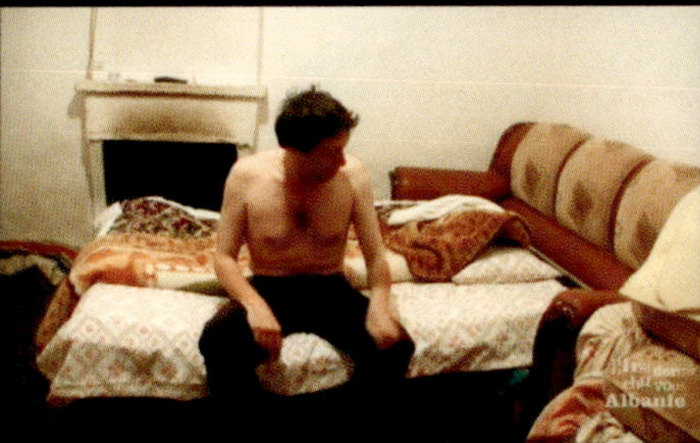
Albanie

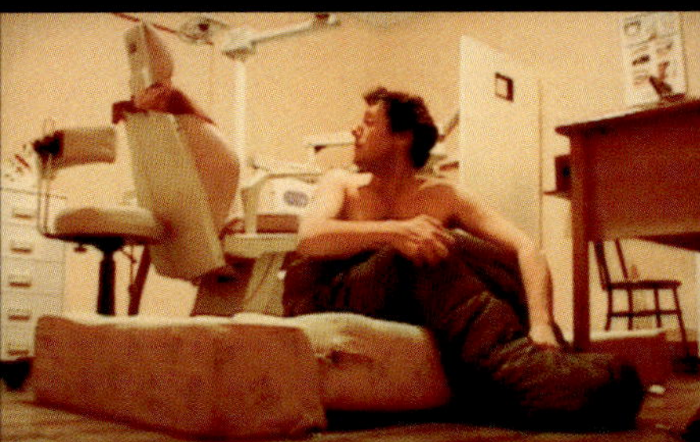
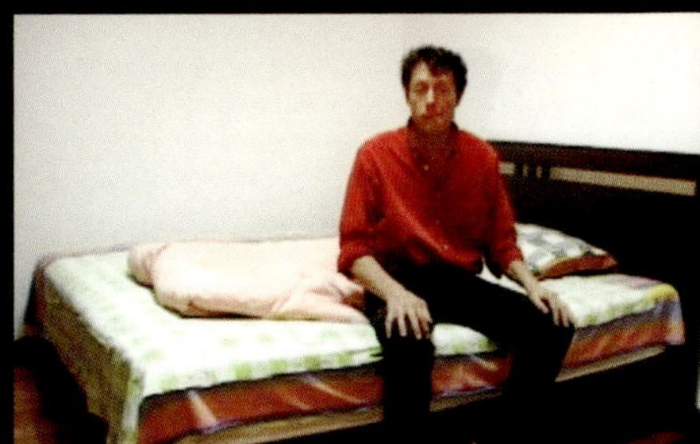
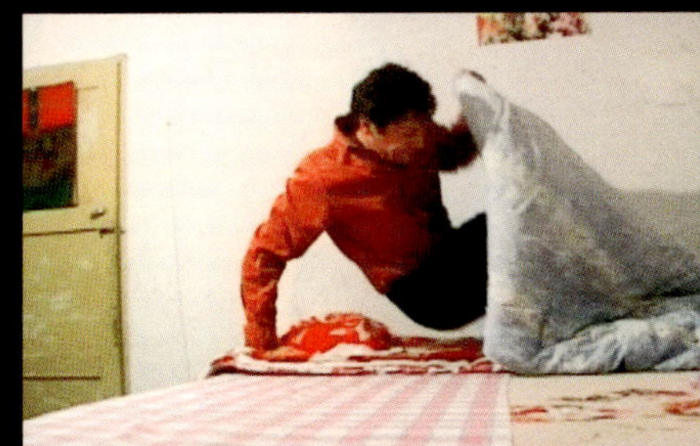

Indonésie
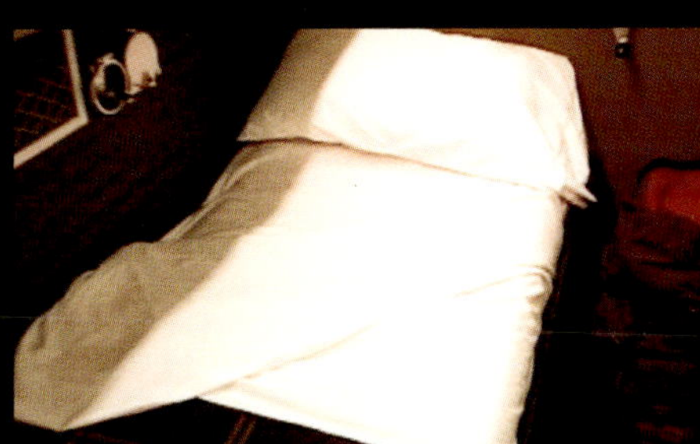

Iran

Mexique

Pourquoi je connais bien Israël et pourquoi j'ai envie d'y retourner. **Pourquoi** je fais douter les juifs orthodoxes de Jérusalem. **Pourquoi** le village musulman de Tamra est un lieu à part **Pourquoi** Amos, dans son kibboutz, m'ouvre sa porte. **Pourquoi** j'ai peur d'être pris pour un kamikaze.

Israël

J'irai dormir chez vous

Je pars pour Israël à la Toussaint 2006. C'est un pays que je connais relativement bien : j'y suis allé quatre ou cinq fois à l'époque où je travaillais pour la chaîne américaine CBS News. J'avais, entre autres, participé à un documentaire sur les fameux manuscrits de la mer Morte. Le tournage nous avait emmenés dans les grottes où ils ont été découverts, et à la rencontre de toutes sortes de passionnés. C'était captivant ! J'ai beau être totalement athée, il me semble évident qu'il s'est passé quelque chose ici : trop de traces, trop de choses convergent. Et comment expliquer que les trois principales religions monothéistes se querellent pour cet endroit depuis si longtemps ?

Mais de là à dire que Dieu y est pour quelque chose, c'est aller un peu vite en besogne à mon sens. Et comme je n'ai pas beaucoup de considération pour les « intimes convictions » et autres certitudes sans racines, je me garderai bien d'affirmer quoi que ce soit sur le sujet.

Lorsque j'arrive à l'aéroport de Tel-Aviv, fin octobre, je n'ai pas de visa puisque ce n'est pas obligatoire, mais je m'attends à ce que l'entrée dans le pays soit un peu compliquée. Effectivement, avant même d'avoir récupéré mes bagages, je me retrouve devant une femme qui m'interroge sur le motif de mon voyage.

Je sais que les Israéliens se méfient beaucoup des gens évasifs. Du coup, je m'applique à être précis et direct : je fais un reportage sur les Israéliens pour la télévision. J'ai apporté des coupures de presse qui parlent de l'émission. La femme disparaît et quelques minutes plus tard me donne l'autorisation d'entrer dans le pays. On ne me fera même pas ouvrir mon sac. C'est simple : elle est vraisemblablement allée vérifier sur Internet. Les choses étant claires, elle n'a aucune raison de me bloquer plus longtemps.

Je démarre donc mon tournage par la ville sainte de Jérusalem. J'essaie d'entrer en contact avec la communauté juive ultra-orthodoxe. Ce n'est pas facile. Je vais me promener dans le quartier de Mea Shearim. Franchement, au moment d'y aller, je ne sais pas ce que ça va donner. Je n'exclus pas d'avoir quelques problèmes, mais, comme souvent, ça dépendra aussi beaucoup de mes réactions.

Mais Jérusalem, c'est aussi l'occasion, pour moi, de rencontrer ***Sarah, cette vieille dame pleine d'humour.***

Et le contact ne s'établit pas. Les gens me regardent avec défiance et ne me parlent pas. De fait, je me comporte comme quelqu'un qui ne comprend pas qu'on l'évite. Ainsi, quand je demande d'emblée à **Benyamin**, un rabbin, pourquoi sa communauté est si fermée, il est piqué au vif et me répond. C'est quelqu'un d'ouvert, il accepte de me recevoir chez lui. Il m'explique pourquoi j'ai eu du mal à établir le contact : pour lui, les gens que j'ai rencontrés ne gardent pas leurs distances avec moi parce que je ne suis pas juif, mais plutôt parce qu'ils pensent que je fais partie des juifs de Tel-Aviv, qui ne sont pas très pratiquants.
Benyamin m'amuse lorsqu'il veut savoir comment je gagne ma vie. Je lui réponds et lui retourne la question. Mais il n'a pas envie d'entrer dans les détails. Je trouve cet échange rigolo, surtout quand on pense aux poncifs sur les juifs.
J'aime bien aussi le jeune orthodoxe que j'ai croisé dans la rue, et qui parle un peu français. Il se targue d'étudier, ce que je ne mets pas en doute, mais paradoxalement il a des lacunes incroyables : j'en mesure la profondeur lorsqu'il n'est pas sûr que c'est en Afrique que l'on trouve les Noirs ! Il m'amuse aussi quand il me demande si je suis sûr de ne pas être juif. Il se base sur le fait que mon esprit n'est pas calme. Effectivement, lorsque je dois gérer simultanément la manière dont je pense intégrer la séquence dans le film, le cadre des caméras, la qualité du son, et conduire la discussion tout en me demandant si j'ai un bon personnage en face de moi, je reconnais que mon esprit est en ébullition.
Ma plus belle rencontre à Jérusalem est celle de **Sarah**, cette vieille dame pleine d'humour que j'aborde dans le bus. Elle est spontanée et elle a visiblement envie de jouer. Ça tombe bien, moi aussi. Du coup, elle se fait prendre à son propre jeu au point qu'elle fait marche arrière dans un premier temps. Mais quand je la rappelle un peu plus tard, elle m'accueille volontiers chez elle.
On parle de sa famille, de la religion et de ses nombreux voyages. Elle n'est jamais allée au Pérou. En rentrant en France, je lui enverrai une cassette de l'épisode « Pérou » de la série *Les Nouveaux Mondes*, que j'avais présentée pour France 2.
Après Jérusalem, je loue une voiture pour parcourir le pays. Je commence par faire un tour dans le village musulman de Tamra. L'atmosphère y est très différente. La plupart des gens travaillent et les rues sont désertes. Je me promène et finis par atterrir dans une cour avec des canapés où se trouve toute une famille. Un homme est particulièrement excité ; il s'empare de ma caméra et filme n'importe comment. C'est amusant mais je sens que les autres se méfient de lui. Il est très important d'être à l'écoute de ce genre de choses : ils le connaissent, et s'ils sont inquiets, il y a forcément des raisons. C'est pourquoi je ne reste pas plus longtemps.
Un peu plus loin, je rencontre un vieux monsieur qui m'invite à partager son repas. Ses grands enfants sont là. C'est chaleureux mais nous n'arrivons pas à communiquer. J'aurais pourtant aimé en savoir plus sur la vie des Arabes israéliens. Une situation qui doit tout de même être ambiguë.
J'enchaîne avec les kibboutz. Le premier est très beau, mais trop touristique à mon goût. J'y rencontre quelques gamins, mais ils sont vraiment trop fiers de vivre là, et horriblement prétentieux. Je n'ai rien à faire ici : je me sauve.

Pourtant, je me promène avec une ceinture et un harnais pour mon matériel. *Le genre de trucs qui peut facilement prêter à confusion… dans une région où des mecs se baladent ceinturés, eux, d'explosifs !*

Je monte dans la montagne et j'arrive au kibboutz de Merav. Il est entouré de villages palestiniens et un portail automatique barre l'entrée. Je profite de la sortie d'une voiture pour me faufiler à l'intérieur.
Le lieu est beaucoup plus calme et les gens que j'y rencontre sont assez ouverts. Un peu provocateur, je demande sans préambule à **Amos**, un juif orthodoxe, de m'inviter chez lui. Il tombe des nues, mais il accepte de me recevoir. Je dormirai finalement chez sa mère. Ce n'est qu'en fin de soirée que je comprendrai qu'il a vraiment eu confiance en moi : il m'explique alors que trois ans auparavant, deux enfants ont perdu la vie lorsque le bus scolaire a été mitraillé. Comment ne pas avoir une certaine méfiance à l'égard des inconnus dans ces conditions ?
Je termine mon voyage par Tel-Aviv. Je suis un peu tendu parce que mon matériel est vraiment particulier : je ne voudrais pas être pris pour un kamikaze portant une ceinture d'explosifs. En tout cas, je me suis préparé à ne faire aucun geste brusque si j'entends hurler quelqu'un. Déplacer ma main en direction de la télécommande risquerait de provoquer une bavure. Pourtant, je ne serai inquiété à aucun moment : je pense que c'est dû au fait que j'aime tourner cette émission. On voit sur mon visage que je m'amuse, et je pense que mon comportement rassure.
Je commence par la vie nocturne. Les jeunes Israéliens font beaucoup la fête, un peu comme s'ils ne savaient pas de quoi demain sera fait, et qu'il fallait se dépêcher de profiter de la vie. Mais ça ne marche pas trop pour moi : soit je n'arrive pas à établir le contact, soit je n'ai pas assez de lumière pour filmer.
Le lendemain, je pars me promener dans les rues de la ville. C'est là que je croise Gil, un gars monté sur ressorts – au sens propre, puisqu'il a fixé à ses jambes des sortes d'échasses bondissantes. Je passe la soirée avec lui et ses amis.
J'ai toutefois un regret concernant ce voyage en Israël : une séquence tournée entre Jérusalem Ouest et Jérusalem Est. On passait en un seul plan de la partie israélienne à la partie arabe de la ville sainte. C'était très intéressant de quitter les belles boutiques éclairées aux lumières dorées pour arriver dans le souk arabe, dans la froide lumière des néons. On passait d'un univers à un autre. De plus, des Arabes me prenaient vivement à témoin, m'expliquant qu'il n'y avait pas de paix ici.
En quelques plans, tout était dit sur la complexité de la situation. J'ai beaucoup hésité à garder cette séquence : elle montrait vraiment bien la proximité des deux communautés. Mais d'un autre côté, l'intégrer pouvait laisser entendre que je considérais Jérusalem Est comme faisant partie d'Israël. Bref, elle est partie dans les bonus et je ne sais toujours pas si j'ai fait le bon choix.
Un jour, j'aimerais tourner un épisode en Palestine. Comme ça, la boucle serait bouclée.

Israël en quelques chiffres

Nombre de pèlerins en Israël : 3 millions en 2010
Nombre de consonnes de l'alphabet hébreu : 22
Nombre d'habitants dans le kibboutz de Merav : 390 en 2010
Critères d'admission : jeunes familles de plus de 30 ans, minimum 1 enfant, situation économique stable
Point le plus bas de la planète : mer Morte, 417 m au-dessous du niveau moyen de la mer

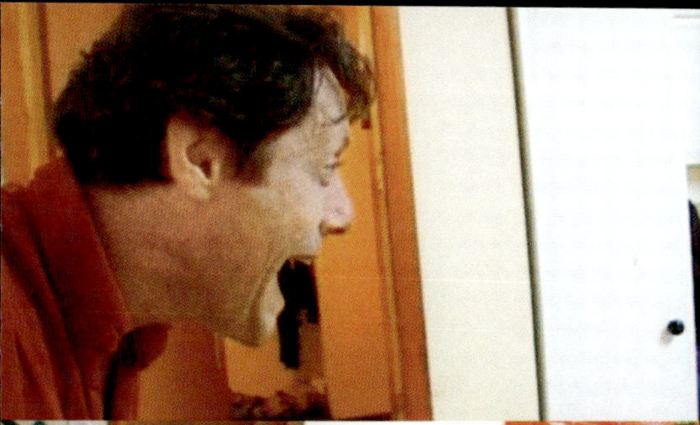
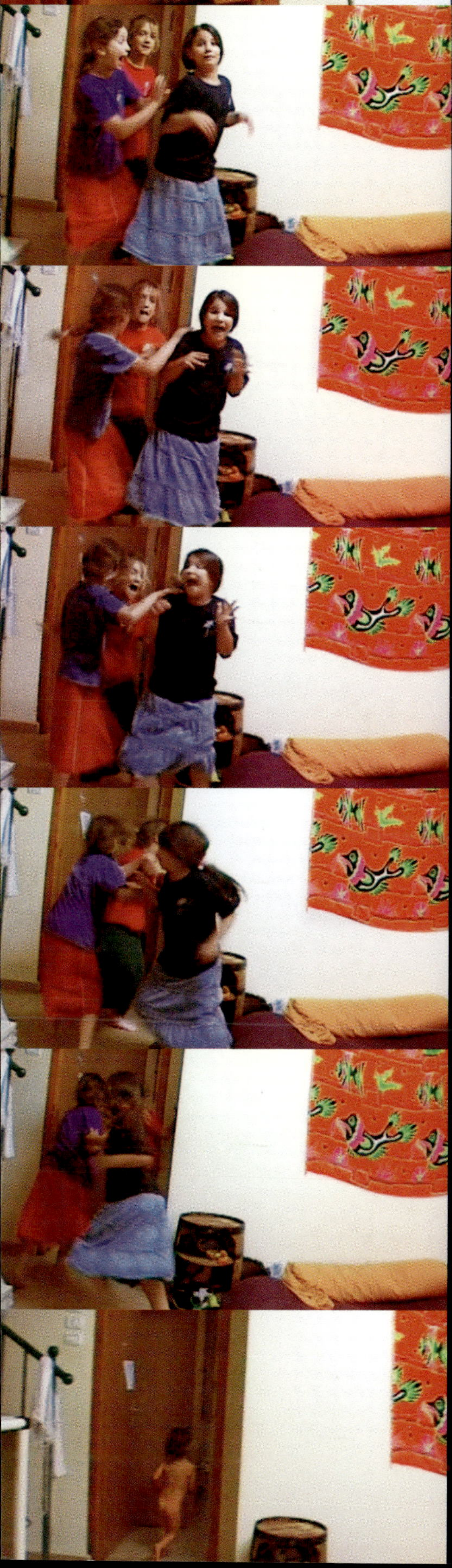

Pourquoi *je choisis de passer Noël chez le Père Noël.* **Pourquoi** *il n'est pas toujours simple de frapper à la porte des gens.* **Pourquoi**, *au bout du bout de la Finlande, les rares habitants sont serviables avec moi.* **Pourquoi** *je termine cet épisode sur un feu d'artifice.*

Ma première surprise en Finlande, pourtant, c'est que **je crève de chaud avec ma doudoune !**

Finlande

J'irai dormir chez vous

La Finlande à Noël, en cette fin 2006, pour moi, c'est le moment ou jamais! Ne serait-ce que pour des raisons « d'intendance personnelle »... En temps ordinaire, ma fille vivant chez sa mère en Guadeloupe, je cale mes tournages en dehors des vacances scolaires pour pouvoir passer du temps avec elle. Mais cette année-là, on a alterné : elle vit chez moi et rejoint sa mère pendant les congés. La Finlande ayant décrété que le village du Père Noël est sur son territoire, je suis donc libre d'aller vérifier, au moment où, *a priori*, il est le plus occupé... Le pays me tente pour son côté « bout du monde ». D'autant plus qu'en décembre, il fait nuit quasiment tout le temps, la lumière du jour ne pointant que pendant quelques heures. C'est perturbant, donc intéressant. Et ce sera original, les pays nordiques étant surtout filmés pendant l'été. Comme d'habitude, je n'ai rien préparé.

Ma première surprise, en Finlande, c'est que je meurs de chaud avec ma doudoune! On est au cœur de l'hiver et le thermomètre indique 8 °C... L'autre surprise, c'est que le Père Noël n'est pas un marrant. Il a plutôt une mentalité de fonctionnaire; il se fait prendre en photo huit heures par jour, et il n'a pas du tout l'intention de me recevoir chez lui avec mes caméras.

Tant pis! À huit kilomètres de là se trouve Rovaniemi, une petite ville tout aussi touristique, mais où les gens sont plus sympas. Pourtant, le soir de Noël, ça risque de ne pas être facile. L'après-midi, j'achète malgré tout du champagne et quelques cadeaux. Vers 20 heures, il fait froid, c'est la nuit noire et les rues sont carrément désertes... Je croise une vieille femme qui me demande un peu d'argent. C'est Noël, alors je lui donne un billet. Elle est très touchée. Beaucoup plus tard, elle me dira être une prostituée.

Je poursuis ma route et je m'encourage : « Allez, sois culotté!» Je débarque au hasard dans un quartier apparemment *« middle class »*. Les portes des immeubles sont toutes munies de codes. Heureusement, la plupart des Finlandais parlent anglais. Mais je ne sais vraiment pas ce que je vais dire au moment où ils vont décrocher. C'est alors qu'une jeune fille pénètre dans un immeuble. Je lui demande si je peux parler à son père. Je la suis et lorsque je me trouve face à ses parents, je ne sais plus quoi dire. Je suis super mal à l'aise!

Pourtant, ils m'invitent gentiment à entrer. Je n'ai pas l'impression qu'ils me prennent pour un vagabond, mais ils doivent tout de même me trouver bizarre. Je partage leur dîner, l'atmosphère devient plus chaleureuse. Je préfère toutefois m'éclipser avant l'ouverture des cadeaux. Je trouve que j'en ai déjà assez fait.

Le lendemain, je loue une voiture pour remonter beaucoup plus au nord. Je m'arrête dans un hameau, à Veskoniemi, près de la frontière russe. Il est 15 heures et il fait nuit noire : il n'y a qu'un seul lampadaire au milieu du village!

La Finlande en quelques chiffres

Durée de l'ensoleillement le 25 décembre à Rovaniemi : 2 h 30

Horaires d'ouverture du bureau du Père Noël : 9 h-19 h du lundi au dimanche, de novembre à janvier

Classement 2010 du FC Santa Claus (équipe de football de Rovaniemi) : 1er de son groupe dans l'équivalent de la D3 finlandaise

La famille qui me reçoit, gentiment, quand **elle me demande si j'ai faim,** *je me demande si elle me prend limite pour un SDF !*

Qui peut faire halte ici, à part un voyageur égaré? Les contacts sont étonnants. J'ai vraiment l'impression de voir sortir des animaux de leur terrier. Une impression probablement renforcée par le fait que je les éblouis avec la lampe que j'ai à la main. Certains ne savent pas quoi me dire et referment leur porte, d'autres sont très serviables, comme ce vieux pêcheur qui ne parle que le finnois. Il appelle l'hôtel le plus proche, pour que je puisse me débrouiller en anglais avec quelqu'un. Et je finis par tomber sur quelques personnes dans un petit chalet.
Visiblement, la soirée de la veille a été bien arrosée... Ce qui n'empêche pas l'un d'eux, **Pekka**, de me demander de l'emmener chercher de l'alcool. Je pense que nous allons dans un magasin, mais pas du tout ! On se retrouve dans un petit pavillon. La vodka vient probablement en contrebande de Russie. Je filme, ils me voient faire mais ils s'en fichent.
Au retour, on va un peu picoler, évidemment. **Eeva**, l'une des femmes présentes, m'explique que le taux de chômage est très élevé dans le comté. Beaucoup boivent parce qu'il n'y a pas grand-chose d'autre à faire. C'est tellement calme ici, surtout l'hiver. C'est aussi pour cette raison que l'échange est chaleureux et intéressant. En fin de soirée, ils me conseillent de dormir sur place : les policiers finlandais ne plaisantent pas avec l'alcool au volant, m'expliquent-ils gentiment.
Dernière étape de cette virée nordique: Helsinki, la capitale. Au départ, c'est difficile. Je suis dans une grande ville, il fait froid, humide, les gens ne semblent pas disponibles : bref, c'est le blues. Heureusement, je suis rassuré par le fait que j'ai déjà dormi chez l'habitant. Donc mon film, en gros, je l'ai!
Le soir du réveillon, en tout cas, je n'ai pas de plan. Il est 18 heures et je n'ai même pas acheté de bouteille. C'est mal parti... J'envisage de passer le réveillon dans ma chambre et de filmer mon échec. Finalement, je me botte les fesses et je sors. Je fais bien : dans la rue, je rencontre Tato. Le courant passe bien entre nous. Il m'invite à une soirée.
Traditionnellement, les Finlandais terminent le réveillon de la Saint-Sylvestre par des feux d'artifice. D'habitude, ils plantent les fusées dans la neige, mais cette année, exceptionnellement, il n'y en a pas. Alors mes compagnons - assez éméchés, il faut bien le reconnaître - les enfoncent dans la terre. Mauvaise idée! La plupart ne partent pas et explosent au sol. Un peu dangereux comme petit jeu, mais très rigolo !
Cet épisode s'achève donc en apothéose... Ce n'était pas prévu. En fait, je pensais terminer par la nuit chez Eeva dans le Grand Nord. J'ai d'ailleurs tourné une séquence de fin au bord d'un lac gelé, dans les lueurs de midi. Mais de retour à Paris, Juliette Haubois, la monteuse du film, trouve que c'est un peu glauque, comme épilogue. Elle a raison. Toutefois, cela pose un problème: lors du feu d'artifice, je n'ai pas filmé mon petit au revoir rituel, qui boucle chaque épisode. La scène se passe de nuit. Je sauverai donc le coup... en tournant ce plan dans mon jardin, en France, et avec ma grosse doudoune!

Pourquoi *les Marquises me font rêver depuis toujours.* **Pourquoi** *un mauvais scooter peut faire une belle histoire.* **Pourquoi** *certains cadeaux me font de la peine.* **Pourquoi** *en 2007 la Polynésie avait pris un peu d'avance sur la métropole.*

Les Marquises sont un vieux rêve, qui remonte à mes vingt ans. *J'avais lu les livres de Bernard Moitessier et écouté l'album-testament de Jacques Brel. À cette époque, je n'imaginais pas ma vie autrement qu'en bourlinguant autour du monde sur un voilier.*

Polynésie

J'irai dormir chez vous

La Polynésie est déjà le vingt-troisième épisode. Ce numéro, je pense que j'aurais dû le faire plus tôt. Nous sommes en février 2007, la série commence à être connue, et moi aussi ! Ça risque d'être plus compliqué sur place puisque des gens vont me reconnaître, mais j'en ai trop envie. D'aller aux Marquises, notamment. Alors je fais l'égoïste et prends mon billet, quitte à ce que l'épisode soit un peu moins authentique. Ce qui ne sera heureusement pas le cas. Une fois en Polynésie, après plus de vingt-quatre heures de vol, je vais tout de suite le plus loin possible : aux Marquises ! Les Marquises sont un vieux rêve, qui remonte à mes vingt ans. J'avais lu les livres de Bernard Moitessier et écouté l'album-testament de Jacques Brel. À cette époque, je n'imaginais pas ma vie autrement qu'en bourlinguant autour du monde sur un voilier. Et ces deux-là m'avaient donné une furieuse envie de découvrir les Marquises, territoire français du bout du monde. À près de cinquante ans, ce rêve restait enfoui quelque part dans ma tête.

En fait, c'est cette envie de voilier qui m'a poussé à vraiment travailler. À vingt ans, je faisais des petits boulots, de temps en temps. Pendant quelques jours, j'avais travaillé dans un atelier artisanal de sérigraphie. J'y avais rencontré une fille un peu plus âgée que moi, qui nous racontait qu'elle avait vécu sur un voilier en Polynésie. Ce jour-là, j'avais tellement rêvé que j'avais trouvé ma voie. Même en gagnant le SMIC, je pouvais mettre de l'argent de côté. Le souci, c'est que dès que j'ai commencé à vraiment bosser, je me suis senti bien. Même quand j'étais balayeur, je m'amusais ! Et quand tu commences à t'amuser dans la vie, tu as moins besoin de fuir la société. Tu commences à y trouver ta place et tu te dis qu'au lieu de la fuir, il serait plus intelligent de t'en servir, voire de surfer dessus. Et tu commences à être bon. À avancer plus vite…

S'amuser est, je crois, une des clefs de la réussite… Néanmoins, j'ai gardé en moi ce rêve de bateau. Jusqu'à ce que je réalise, une dizaine d'années plus tard, pour le magazine *Thalassa*, un documentaire sur des gens qui plaquaient tout pour vivre sur un voilier. Là, je me suis confronté à la réalité. Le bateau fait rêver, mais à moins d'être un passionné de la mer, c'est surtout un boulet à la cheville. Eh oui ! lorsqu'on voyage avec son bateau, on ne voit que les côtes, on rencontre toujours les mêmes gens. Et si on se risque quelques jours à explorer l'intérieur des pays, on est inquiet. Le bateau sera-t-il là quand on reviendra ? Aura-t-il été cambriolé ou pillé ? Quand on veut sortir des routes balisées, il n'y a plus de marinas gardées.

Je comprends alors que ce mode de vie n'est pas assez varié pour moi. Et c'est la fin de mes regrets…
Reste qu'en février 2007, les Marquises sont toujours un endroit de légende pour moi. Et je suis un peu déçu. C'est tellement calme. Mais je sais exactement pourquoi : je suis arrivé en avion. Et ça change tout. Lorsque tu arrives après plusieurs jours de mer, alors que ça fait des mois que tu es dans le Pacifique, ça n'a rien à voir. Tu n'atterris plus dans un coin paumé, mais tu viens de gagner le bout du monde, nuance ! Tu es ailleurs, comme hors du temps. Deux manières d'arriver, deux manières de ressentir l'endroit.
Reste que les habitants, eux, vivent leur vie, normalement, sans se préoccuper de tes états d'âme de voyageur… Brel ne s'y est pas trompé.
Lorsque je commence à arpenter l'île de Nuku-Hiva, j'oublie mes rêves pour entrer dans la vie des Marquisiens. Et ça démarre bien. Arrêter une jeune fille qui roule vers son travail pour lui demander son scooter – qu'elle me prête spontanément –, ce n'est pas courant ! La suite du voyage est une histoire comme je les aime ! D'abord parce qu'elle se construit sur l'idée d'un but à atteindre, en l'occurrence le nord de l'île. Ensuite, parce que vu l'état du scooter, rien n'est moins sûr. Donc une sorte de suspense se met en place : le spectateur ne se demande plus seulement sur qui je vais tomber, mais si je vais rester en carafe sur la route ! En plus, la rencontre est superbe. Parce que je suis en panne, dépité, et que **Roger** et ses deux acolytes surgissent de nulle part, apportant avec eux une énorme joie de vivre. Et parce que la rencontre avec **Théodora** est émouvante et profonde. Lorsque je regarde les images, quelques jours plus tard, bien que je n'en sois encore qu'au début de mon voyage, je sais déjà que cette séquence terminera l'épisode.

Arrêter une jeune fille qui roule vers son travail pour lui demander son scooter, **qu'elle me prête spontanément, ce n'est pas courant !**

Après les Marquises, je m'envole pour Bora Bora. C'est la partie que l'on voit en premier dans le film. Là encore, il m'arrive tellement de choses que j'en ai trop. Je ne pourrai pas tout mettre, même dans les bonus ! Je garde le moment passé avec cette famille qui vit depuis toujours les pieds dans l'eau. Sauf que, depuis quelques années, ils ne voient plus la mer : un hôtel a été construit juste devant leur maison. Je ne sais pas si c'était permis ou pas, je sais juste qu'on aurait dû le mettre ailleurs.
De l'île mythique de Bora Bora, paradis des hôtels de luxe, il me reste cette image de la proximité des grands hôtels, de leur richesse, avec, comme souvent sur la planète, la pauvreté alentour. Je me souviens d'un petit garçon, croisé là-bas, et qui avait reçu en cadeau un ersatz d'ordinateur : une imitation en plastique, avec une image sur une bande de papier défilant derrière l'écran, un semblant d'animation et quelques sons « électroniques » lorsqu'on appuyait sur une ou deux touches. À part ça, l'appareil ne pouvait servir à rien. Ce genre de « jouets » me donne toujours le cafard. On a le sentiment que le fabricant se moque des parents et que l'enfant aurait pu avoir mieux pour le même prix.
Toujours est-il qu'en montrant ces gens qui vivent au bord de la mer, mais derrière un grand hôtel, je les ai peut-être un peu aidés. Ils me disaient qu'on essayait de les faire partir. Grâce à cet épisode de *JDCV*, je pense qu'ils seront moins faciles à déloger. Je l'espère en tout cas.
La dernière étape de mon voyage polynésien s'est déroulée à Papeete. En fait, quand je suis arrivé là-bas, je n'avais déjà plus d'angoisse pour mon tournage, tellement j'avais engrangé de moments forts aux Marquises et à Bora Bora. J'avais aussi fait une halte de vingt-quatre heures à Ahe, l'île où Bernard Moitessier a vécu. J'y ai rencontré des mormonts et j'ai fait un tour dans une ferme d'huîtres perlières. On les retrouve dans les bonus du DVD. En fait, on a hésité entre Ahe et Papeete, au moment du montage. Mais on s'est dit que si l'on zappait Papeete, cela donnerait l'impression bizarre qu'il n'y a pas de ville en Polynésie ! Et puis, à Papeete, je ne pouvais pas faire un pas dans la rue sans que l'on m'interpelle ! Impossible de travailler, mais c'était très drôle !
Déjà, à Bora Bora, les policiers m'avaient reconnu, pourtant j'étais de dos, assis sur le porte-bagages d'un scooter ! Idem sur l'atoll d'Ahe, dès ma descente d'avion. C'est pourtant tout petit, mais la télévision est désormais partout. Et à Papeete, pour le coup, c'était sans arrêt ! Les gens m'appelaient de loin, en passant en voiture. On a trouvé marrant de garder cette séquence. Pourquoi les gens me connaissaient-ils plus en Polynésie qu'en France ? Sans doute parce que, dans les îles, les gens ont moins de distractions. Beaucoup d'entre eux regardent la télévision et sont à l'affût de programmes différents. Ce qui était amusant, c'était de voir à quel point je leur étais familier.

La Polynésie en quelques chiffres

Nombre des îles Marquises : 12, dont 6 habitées
Température moyenne en « saison fraîche » (août) : 25 °C
Nombre d'hôtels 4 et 5 étoiles à Bora Bora : 11
Durée moyenne de production d'une perle d'Ahe : 18 mois
Nombre de chaînes de télévision locales en Polynésie : 4

ASSEMBLEE DE
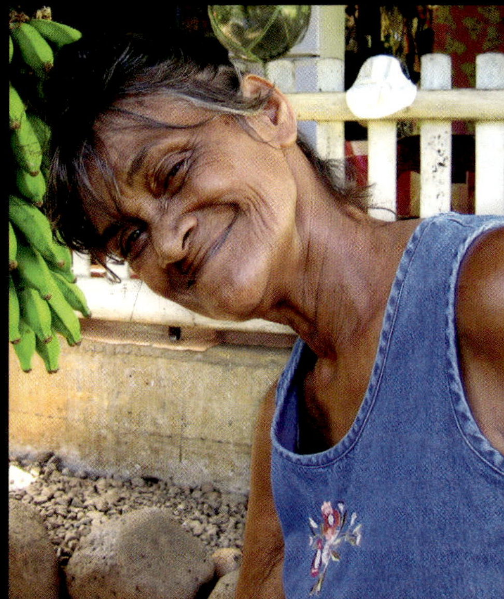

Pourquoi ce vingt-quatrième épisode va me servir de test, techniquement parlant. **Pourquoi** le Portugal résonne en moi de façon très particulière. **Pourquoi** j'y réalise un rêve de jeunesse. **Pourquoi** j'y vis aussi l'un des atterrissages les plus chauds de ma vie. **Pourquoi** je choisis de mettre la partie sur Lisbonne en premier dans le film.

Portugal

J'irai dormir chez vous

C'est le premier de la série que ***je réalise avec des caméras haute-définition (HD).*** *En partie, tout du moins, car ces caméras sont extrêmement complexes à fabriquer.*

L'épisode du Portugal arrive à un moment particulier pour moi. Nous sommes en avril 2007 et c'est mon dernier voyage avant de partir pour les États-Unis tourner le long métrage *J'irai dormir à Hollywood*. Je viens de terminer le montage d'une dizaine d'heures de bonus pour le coffret DVD, et je suis fatigué par toutes ces années de voyages. Je décide de ne pas aller trop loin, pour me refaire une santé avant le grand tournage en Amérique. C'est la raison pour laquelle je laisse tomber la Corée du Sud, initialement prévue, pour le Portugal, plus proche, plus simple. C'est également l'occasion de tester sur le terrain mes prototypes de caméras haute définition. Mais ils ne sont pas encore prêts: la veille de mon départ, Raphaël Denis et Patrick Rojewski, les deux techniciens de la société Horus, sont encore en train de se battre avec la télécommande qui ne fonctionne pas correctement. Ils espèrent trouver une solution au problème d'une heure à l'autre. Mon avion décolle tôt le lendemain matin, j'attends pour récupérer mon équipement.
À la fin de la nuit, il faut se rendre à l'évidence: le matériel ne sera pas prêt. Lorsque je retourne chez moi, il ne me reste qu'une heure avant que le réveil ne sonne. Je préfère ne pas me coucher. Je prends un bain, je finis mon sac et je pars avec mon ancien équipement. Ils m'enverront les paluches HD par transporteur dès qu'elles seront en état de marche.
En arrivant à Lisbonne, malgré la fatigue accumulée, je prends le train dans la foulée, pour aller plus au nord, à Castelo Branco. Je me pose dans un hôtel en milieu d'après-midi : je suis tellement rincé que je m'écroule. Je ne me réveillerai que le lendemain matin. J'ai dormi quinze heures d'affilée! Cela ne m'était pas arrivé depuis des années!

Je loue une voiture et je me retrouve à Idanha-a-Nova, un petit village des environs. Au début, les ruelles sont désertes et, une fois de plus, je me demande bien comment je vais m'y prendre... À mesure que l'on approche de la fin de l'après-midi, ça s'anime. J'entre dans un café et je rencontre **Diogo** et ses copains. Ancien travailleur des routes, il a passé une bonne partie de sa vie en France. L'ambiance dans le petit café s'échauffe à mesure que l'on vide les bouteilles. Il chante, me donne la recette du mouton cuit dans le bitume... En fin de soirée, je ne suis plus en état de reprendre le volant. Diogo m'offre un lit dans les locaux des supporters du club de foot, dont il est le propriétaire. Le lendemain, on recommence à picoler après le petit déjeuner. Il me fait goûter toutes sortes d'alcools portugais. Mais, cette fois, je reste raisonnable! On enchaîne avec un barbecue dans une ferme, où se trouvent une trentaine de personnes. Très sympa, mais il n'y a que des hommes. Les femmes ne sont pas invitées!

Je les quitte en fin d'après-midi pour continuer mon périple dans le pays. Ce voyage va me permettre de réaliser un de mes rêves de jeunesse : voir l'archipel des Açores, au milieu de l'Atlantique! Je n'ai pas fait grand-chose à l'école et j'ai commencé à me secouer à vingt ans, lorsque j'ai voulu acheter un voilier. Je croyais pouvoir vivre autour du monde d'amour et d'eau fraîche. À cette époque, j'ai lu de nombreux récits de voile. La plupart des navigateurs qui font la route des Antilles vers la France font escale aux Açores. Dans le port de Horta, les équipages peignent traditionnellement un dessin, pour laisser une trace de leur passage. Le quai en est couvert. Et j'avais très envie de voir ça un jour.

Mais l'atterrissage aux Açores va être très mouvementé. Nous arrivons au beau milieu d'un violent orage. On ne voit rien par les hublots et l'avion monte et descend brutalement. On sent que le pilote tourne en rond au-dessus de l'île, pour attendre le bon moment. La tension monte en cabine. Ma voisine se met à hurler de peur. Je finis par apercevoir la piste et ça me terrifie: vu les embardées, je nous croyais beaucoup plus haut. Nous ne sommes qu'à une vingtaine de mètres au-dessus du sol: si l'aile touche, on va au tapis! Pourtant, en dépit de plusieurs écarts, l'avion se pose sans encombre. Des cris de joie fusent dans la cabine. Il s'en est fallu de peu!

J'ai choisi d'aller sur l'île de Pico. Peu peuplée, elle abrite un volcan qui culmine à près de 2 400 mètres. La météo ne s'arrange pas et je suis bon pour acheter un parapluie. Je me promène dans les environs. Ce n'est pas très gai. Le vent est tellement fort que les embruns traversent les rues. C'est une impression de bout du monde qui domine. Je finis par me retrouver dans l'arrière-cuisine d'un restaurant, où je rencontre... mes voisins de l'avion!

Je termine mon voyage à Lisbonne. J'ai enfin récupéré mes prototypes de paluches haute définition : les tests sur le terrain vont pouvoir commencer. Et ça ne va pas être simple, car elles ne sont pas encore au point. Pour l'instant, elles se présentent sous la forme d'un caméscope du commerce dont il manquerait des morceaux. Un câble sort par un trou et à l'autre extrémité se trouvent les minicaméras telles qu'on les voit dans mes films. Il faudra faire très attention pour ne rien arracher. Malheureusement, la télécommande continue à me faire des surprises: elle coupe l'enregistrement par moments, ou se déclenche sans crier gare. Le seul moyen de m'en sortir est de ne plus l'utiliser. Je choisis un quartier que je sens bien, j'ouvre le sac pour mettre en route les caméras, et je tourne sans m'arrêter. Je vais avoir la chance de rencontrer rapidement Maria qui, après un passage dans son école de marqueterie, m'acceptera chez elle pour me présenter sa famille. Un moment drôle, surtout que lorsqu'elle voit ma bouteille de vin, elle comprend que je croyais être invité à dîner. Elle fera, alors, un repas exprès comme si de rien n'était. C'est très sympa! Enfin, il y a un grand soleil de printemps, ce qui ne gâte rien.

C'est d'ailleurs pour cette raison que la chronologie de l'épisode ne suivra pas celle de mon voyage. C'est Laurence Hamelin, de France 5, qui m'a suggéré de mettre Lisbonne en premier, et c'était une bonne idée. Cette partie est plus gaie pour commencer le film. Moins déjantée que mon étape à Idanha-a-Nova et plus lumineuse, au sens propre du terme, que l'île de Pico, qui boucle ce numéro.

Le Portugal en quelques chiffres

Début du peuplement de l'archipel des Açores : 1439

Altitude de Pico, point culminant des Açores : 2 351 m

Dernière éruption volcanique aux Açores : 1999 (éruption sous-marine)

Temps d'ensoleillement quotidien moyen à Lisbonne : 9 h

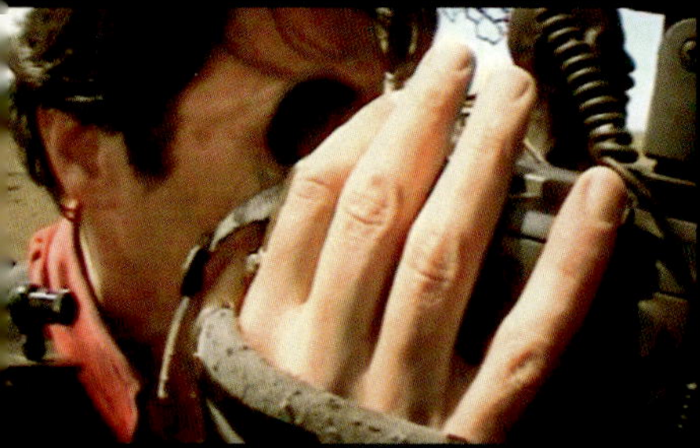
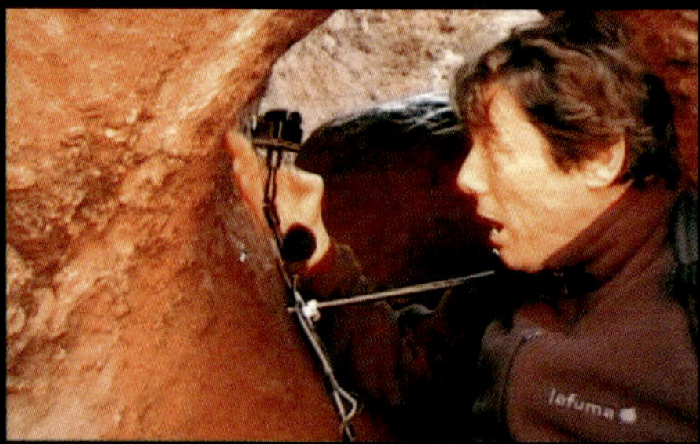

Matériel, bidouilles et coulisses

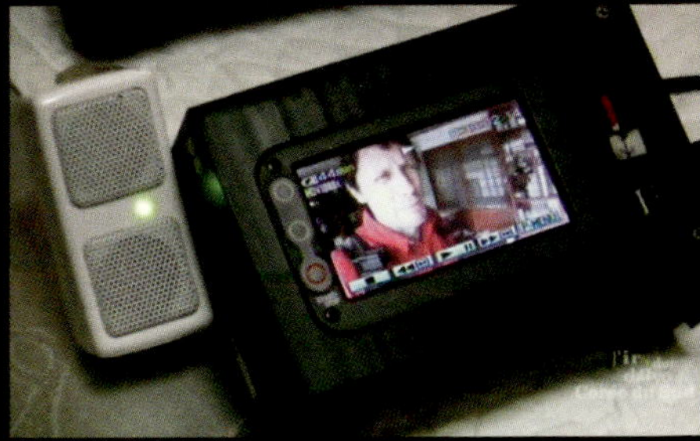

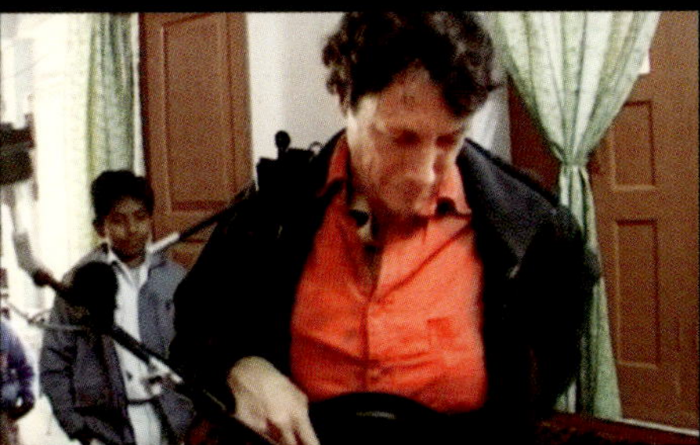

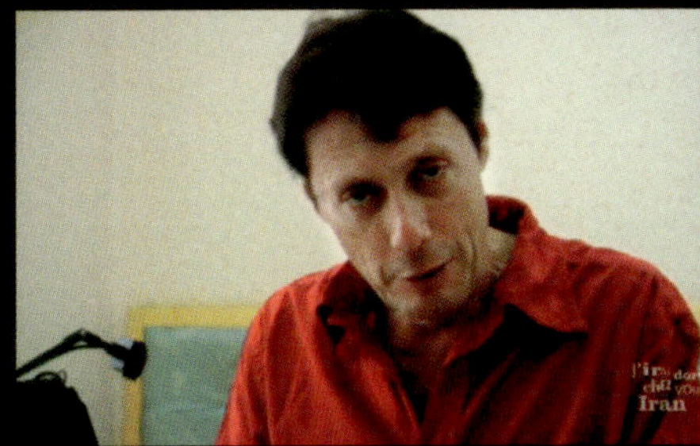

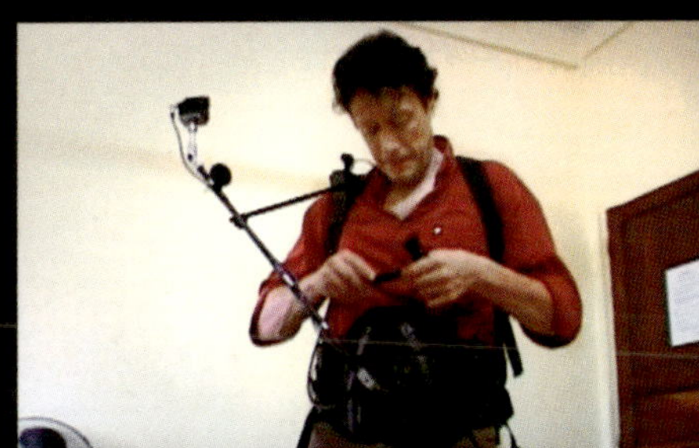

Pourquoi je ne demande pas de visa particulier pour filmer dans ce pays. **Pourquoi**, en quittant La Havane, le contact avec les gens est plus facile. **Pourquoi** j'ai bien aimé l'ambiance de Güines. **Pourquoi** je fais une pause de trois jours en bord de mer. **Pourquoi** j'aimerais retourner à Cuba.

Je n'ai pas tout vu, bien sûr, mais, ce qui est intéressant, **c'est de réaliser à quel point les Cubains sont fiers, quoi qu'il en soit, de leur pays**.

Cuba

J'irai dormir chez vous

Je viens de terminer le montage de *J'irai dormir à Hollywood*. Je suis rétamé, mais il me reste six épisodes à tourner. Tout le monde s'attend à ce que la série me paraisse fade, après mon long métrage, et que je jette l'éponge. Mais j'aimerais aller au bout de mon contrat. Mon choix se porte alors sur Cuba, parce que l'endroit est exceptionnel. Le pays est très isolé depuis 1962, date de l'embargo américain. Mais je pense que c'est le moment d'y aller. Fidel Castro a cédé la place à son frère Raúl et l'on sent un frémissement d'ouverture. Je prends un visa de touriste, sans signaler que je tourne un film. Cuba est moins compliqué que l'Iran. Au pire, je me ferai expulser!

Mais au moment de prendre mon billet, j'hésite. Je suis tellement fatigué que j'ai peur de ne pas avoir l'énergie nécessaire. Mes producteurs m'aident à prendre la décision d'une manière originale. Ils me disent: « Tu y vas, tu t'installes dans un hôtel et si tu es trop crevé, tu te reposes. Tant pis pour le film! »

Dès mon arrivée, pourtant, l'envie de partir à l'aventure a raison de ma fatigue. Je commence à tourner. Comme je n'ai pas d'autorisation, je préfère partir directement à la campagne : je filmerai La Havane à la fin de mon voyage. Je loue un petit scooter et je prends la route. Une sorte d'autoroute en ciment, toute droite, sans marquage au sol ni panneau, ou presque. Par endroits, des gens font du stop ou attendent le bus. Les quelques voitures qui me doublent datent des années cinquante. C'est un véritable saut dans l'espace-temps. J'adore!

Je roule à 45 kilomètres par heure pendant deux ou trois heures, avec mon gros sac rouge posé sur le plancher. Je finis par arriver à Güines, une petite ville comme je les aime, animée et en dehors des routes touristiques. Et je commence à découvrir le pays.

C'est surprenant. Hormis quelques voitures importées par les Russes, on ne voit pratiquement que des autos de collection. Je suis encore plus étonné de constater que les bus de ville sont des charrettes tirées par des chevaux. Au hasard des rues, je rencontre les gens. Je passe un bon moment chez le coiffeur, un bavard qui raconte toutes sortes de blagues à toute vitesse. Un sacré personnage. Et ses clients ne sont pas en reste!

Plus tard, attiré par un énorme gâteau multicolore, j'arrive à me greffer sur un anniversaire en famille. Je participe à une partie de dominos mémorable, tout en buvant des bières. Un vrai bon moment! Tout le monde hurle et le transistor est à fond. Quant au père, il s'est endormi au milieu du vacarme. Comme quoi, on peut s'habituer au bruit... J'ai bien aimé cette ambiance, même si je n'ai pas dormi chez eux.

Je reprends la route pour aller dans des campagnes plus reculées. Cuba mesure près de mille kilomètres de long, mais seulement quelques dizaines de kilomètres de large. Avec mon petit scooter, je ne peux pas aller bien loin. Lorsque je m'éloigne sur les côtés, j'arrive vite à la mer. Je file du côté de Cabezas, dans les collines. Et je tombe en panne.
Ce n'est heureusement pas grave. Je trouve rapidement le problème : le fil de la bougie s'est débranché en passant sur une bosse. En moins de deux minutes, je repars. Tant mieux, un gros orage arrive ; j'ai juste le temps de rejoindre une petite maison au bord de la route. On m'ouvre immédiatement la porte et je suis accueilli par la famille de **Normando**. Ils sont nombreux, entre les épouses, les frères, les neveux et le nourrisson ! Tout le monde est ravi et, comme tous les Cubains, ils font du bruit ! Ils me hurlent dans les oreilles, mais c'est terriblement sympa. Tout de suite, le courant passe entre nous. Ils travaillent dans les champs, dans une ferme gouvernementale. Ils sont fiers de leur pays, me disent qu'ils ont la Sécurité sociale, qu'on les soigne gratuitement.
Je réfléchis au fossé qui sépare Cuba des États-Unis. Je repense à cette Indienne mélancolique que j'ai rencontrée en Arizona. Elle lisait tous les soirs près d'une lampe à pétrole parce qu'elle ne pouvait pas se payer l'électricité. Alors qu'eux, ils ont du courant, et ils sont tellement gais ! Et pourtant, les États-Unis sont une démocratie, Cuba est une dictature avec des prisonniers politiques. Bien sûr, je n'ai pas tout vu de Cuba, ni des États-Unis, mais je me pose tout de même des questions. Sans pouvoir y répondre.
Normando et sa famille tuent des poulets et l'on dîne ensemble. Moi, je leur offre des produits que j'ai apportés de France, du savon, des brosses à dents, du dentifrice. L'ambiance est excellente. Je sais déjà que ce sera la séquence que je garderai pour terminer l'épisode. Ce sera d'ailleurs ma seule nuit chez l'habitant dans le pays.
Il me reste à tourner à La Havane. Bien qu'en cinq jours j'aie obtenu les deux tiers du film, je suis fatigué et j'accuse le coup. En outre, j'ai pris du retard dans le visionnage de mes cassettes. C'est le moment de faire une pause. Je file à Varadero, un endroit réputé pour ses hôtels à touristes.

Les gens sont supergentils. *Ils sont en demande : ça tombe bien, moi aussi !*

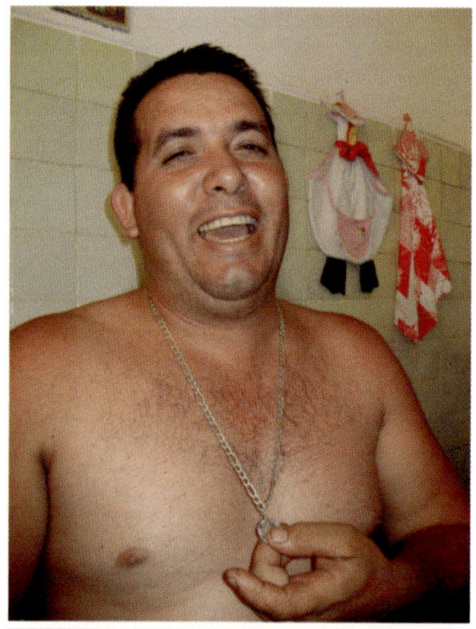

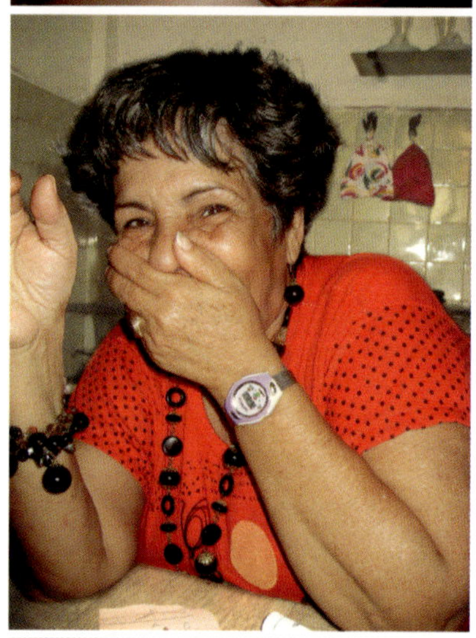

CRISTAL

L'idéal pour passer des vacances stériles. J'y reste trois jours et je me refais une santé. J'ai changé de rythme : pas de soucis, tous les repas au buffet de l'hôtel... J'en profite pour tourner le début du film au bord de la mer. En regardant les touristes siroter des sodas sur la plage, je mesure à quel point ceux qui ne voient que Varadero se font une idée fausse du pays.
Dernière étape, La Havane. C'est là que je risque le plus d'avoir des ennuis avec les autorités. Je sens tout de suite que les gens sont moins détendus ici. Ils sont prudents. Ainsi une mamie très sympa, que je croise dans la rue : d'abord elle me dit oui. Mais un homme vient me mettre en garde, me disant de poser des questions avec tact. Il repart ensuite, mais c'est fini : la vieille dame ne veut plus m'accueillir. C'est à elle qu'il a fait peur. Après coup, lorsque j'ai montré les images à des copains cubains, ils m'ont dit : « Lui, c'est un flic, pas de doute ! »
De même, **Ali** que je rencontre dans un garage. Le courant passe tout de suite entre nous, mais il hésite longuement avant de m'inviter à dîner. J'apprends, d'ailleurs, que pour héberger un étranger, il doit demander une autorisation au préalable. Au début, on rigole beaucoup. Mais au milieu du repas, il semble soudain préoccupé. Quelqu'un lui a-t-il dit quelque chose ? Toujours est-il qu'il me ramène rapidement à l'hôtel, comme s'il avait pris conscience qu'il avait dépassé les bornes. Mais je me fais peut-être des idées...
Malgré tout, j'ai beaucoup apprécié mon voyage dans ce pays d'exception. En règle générale, j'évite de voyager pendant mes vacances. Normal : les vacances, ça sert à faire ce qu'on ne fait pas le reste de l'année ! Pourtant, Cuba est un endroit où je pense retourner. J'ai envie de mieux le connaître.

Surpris par la pluie, je suis accueilli par la famille de Normando.
Ils sont fermiers, ils sont nombreux, entre les neveux, le nourrisson, etc. et ils sont ravis !

Cuba en quelques chiffres

Nombre de touristes étrangers par an : 2,4 millions (2010)
Valeur de 1 peso convertible (CUC, monnaie touristique) : 0,81 €, soit 24 pesos cubains
Billet à l'effigie du Che : le billet de 3 pesos
Date d'invention du Cuba libre : 1902
Longueur totale des côtes cubaines : 3 735 km

C'était une maison
abandonnée, avant.

Quand tu reviendras,
on mangera un cochon.

Pourquoi le voyage en Grèce est le moins préparé de toute la série. **Pourquoi** je fais l'une de mes plus belles rencontres sur l'île d'Astypalea. **Pourquoi**, à Athènes, l'humour me sert de protection.

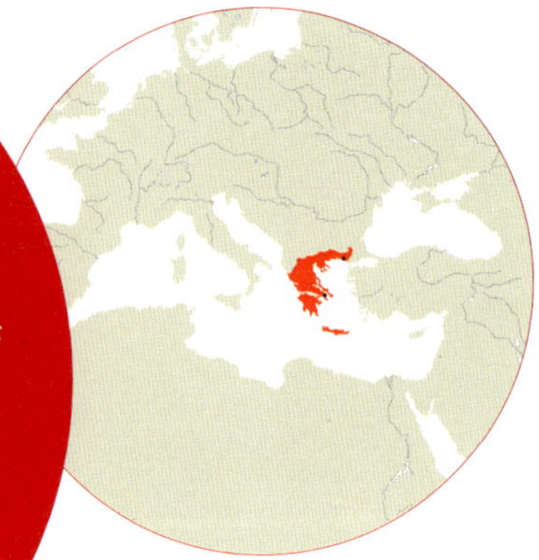

J'hésite encore entre l'Irlande, l'Ukraine, la Géorgie ou l'Italie...
Je suis face au comptoir, mais je dois dire qu'aucune de ces destinations ne me convainc réellement.

Grèce

J'irai dormir chez vous

Le préambule de l'épisode grec est assez particulier. Quelques jours avant de partir, je suis au festival de Cannes avec mes producteurs. Je ne sais toujours pas dans quel pays aller. On en discute ensemble et, bizarrement, je n'arrive pas à me décider. Alors, je choisis de faire un truc que tout le monde rêve de faire, au moins une fois dans sa vie : je vais aller à l'aéroport avec mes bagages, et je m'envolerai pour une destination selon l'humeur du moment. Ça, ça me plaît!

Du coup, je demande une autorisation de tournage à Roissy. Le jour du départ, je prépare un sac un peu plus gros que d'habitude, avec des vêtements chauds et d'autres plus légers. Je crois que cette fois, je suis au top de l'improvisation! D'ailleurs, je ne suis pas tellement concentré. Pour commencer, je traîne et je n'arrive à l'aéroport qu'à 16 heures. Ensuite, je m'aperçois, alors que je m'apprête à tourner, que j'ai laissé chez moi la chemise rouge que je comptais porter.

Je pars toujours avec six chemises identiques, dont une sur moi. Et là, comme un nigaud, je l'ai oubliée. Me voilà obligé d'ouvrir mon sac et de me changer rapidement sur le trottoir... Pas grave, c'est dans l'esprit de ce que je veux faire!

Ensuite, je vais au comptoir d'Air France. J'explique mes impératifs au guichet: je veux partir aujourd'hui, dans un pays où je ne suis jamais allé, je n'ai pas de visa et je ne veux pas aller trop loin. Ça les amuse: ils sortent une carte du monde et on cherche ensemble. J'hésite entre l'Irlande, l'Ukraine, la Géorgie et la Slovénie... Et voilà comment je m'envole pour la Grèce, le 21 mai 2008, le jour de mes quarante-neuf ans!

Ma première étape sera la petite île d'Astypalea, aux confins de Rhodes et de la Crète, un endroit incroyablement beau. C'est là que je vais vivre une des rencontres les plus fortes de la série. Aussi belle que celle de Tong, au Cambodge.

J'ai loué un scooter pour traverser l'île. Tout au bout de la route, j'atterris dans une cour de ferme, où je rencontre un couple de chevriers, Palormitis et Effie, qui ne parlent que le grec. Pourtant, entre nous, le courant passe tout de suite. Les regards que l'on échange ne mentent pas: il y a une vraie complicité.

Je passe l'après-midi avec eux. Lorsque Palormitis me demande, par gestes, où je dors, je lui montre mon sac de couchage. Il me fait signe que je peux rester chez lui. Nous retournons dans leur petite maison blanche, qu'ils éclairent par la seule lumière de leur lampe à pétrole. Il est tellement sympa que je lui offre avec plaisir ma lampe frontale. Je sais qu'elle lui servira.

Et c'est au gré de cette conversation singulière, alors que la nuit est tombée, *que la femme me raconte le décès de l'une de leurs filles. Un moment très prenant.*

Avec eux, j'ai l'impression d'être hors du temps ; on parvient à communiquer par gestes, on plaisante, même. Et c'est au gré de cette conversation singulière, alors que la nuit est tombée, qu'Effie me raconte le décès de l'une de leurs filles. Au début, je ne saisis pas. Elle dessine un puits, puis un canard. Je finis par comprendre qu'il y a quelques années, sa fille de dix-sept ans a basculé dans le puits, en voulant sauver un oiseau tombé dedans. Elle est morte noyée.

Je suis touché par la force de cette séquence. On ne peut pas échanger deux mots, mais on se dit beaucoup de choses. C'est exactement ce que j'espérais obtenir avec *J'irai dormir chez vous*. Mon périple vient de commencer, mais je sais déjà que cette première halte sera l'épilogue de mon voyage en Grèce.

Je reprends un avion et je file au nord du pays. Pour être sûr de sortir des sentiers battus, j'ai demandé à des Grecs un endroit où ils n'auraient pas l'idée d'aller. C'est ainsi que je débarque à Alexandroúpoli, près des frontières turque et bulgare. Je continue mon voyage improvisé. Pour cela, je fais un truc que je n'ai fait que pendant le tournage de *J'irai dormir à Hollywood* : me filmer avec les paluches, alors que je suis en transit dans le pays.

Normalement, lorsque je change de ville, je range mon harnais et les petites caméras, et je ne filme mon voyage qu'avec la caméra de poing. Bien que je sois harnaché avec mes paluches, je porte toutes mes affaires dans mon gros sac. Il doit bien peser vingt-cinq kilos, et ce n'est pas simple pour prendre le bus ! Surtout qu'à la différence de ce que j'avais fait pour mon tournage aux États-Unis, je n'ai pas posé mon barda sur des roulettes.

Sur une carte, je repère un petit village qui me semble particulièrement isolé: Essimi. J'ai du mal à trouver un bus pour y aller et, lorsque j'y arrive, je mesure à quel point l'endroit est calme. Pratiquement personne dans les rues, et chaque fois que j'adresse la parole à quelqu'un, il me répond en grec ou en allemand ! Je ne vois pas ce que je peux faire ici, mais je me raccroche à une certitude, acquise avec l'expérience: il va forcément se passer quelque chose, il faut juste aller vers les autres.

Je vais dans un premier café où personne ne me comprend. Déroutant, intéressant, amusant même ! Je change d'endroit, et c'est comme cela que je rencontre le jeune **Michaël**... En fait, je ne l'avais pas vu, mais il était dans le bus avec sa mère. À quinze ans, il parle déjà cinq langues, dont le français. Il m'invite à dîner et me présente sa famille. C'est inespéré, à tous points de vue ! L'ambiance monte rapidement, on boit un coup et très vite, on hurle de rire. Je finis par apprendre qu'ils n'ont pas ri autant depuis longtemps.

Grèce

Grèce

Grèce

Grèce

Grèce

Grèce

Grèce

Grèce

BURZUM
Attendez... Quoi ?
Grèce

En fait, c'est la première fois depuis que le grand-père est décédé, quelques mois auparavant. Cela fait du bien à tout le monde, il semble que je sois arrivé au bon moment.
Pour finir, je pose mon sac et mes caméras à Athènes. On est fin mai, il fait une chaleur terrible. Aux abords de l'Acropole, il fait même tellement chaud, à 14 heures, quand je filme avec mes paluches, que j'ai la tête qui tourne...
Ma principale rencontre à Athènes sera celle d'Athina et Dimitris, croisés dans la rue. Je passe la soirée avec eux. Mais je suis dans une capitale : j'y fais donc des rencontres... multiples et variées. Comme cette séquence dans un bar louche. En fin d'après-midi, je rencontre un type dans la rue. On échange quelques mots et, très vite, il me dit qu'il possède un bar et me propose de m'offrir un verre. Ça sent le truc pas clair, mais j'ai envie de voir. Il me laisse seul au bar, une jeune femme vient me rejoindre. Je comprends que c'est un bar de nuit avec hôtesses. Je ne veux surtout pas tomber là-dedans. Lorsqu'elle me demande « innocemment » de lui offrir un verre (probablement du champagne à un prix très élevé), je m'en vais sans états d'âme. Elle est sidérée que je la plante comme ça ! Pas de regrets, c'est une combine foireuse...
Dans un tout autre genre, je fais une rencontre autrement plus marrante avec une Française en vacances, croisée dans le tramway. Elle est toute vive, toute gaie, très volubile. Elle regarde mon matériel et me parle d'une émission de télévision en France, où un gars se promène équipé un peu comme ça, et tout à coup elle réalise que c'est moi ! Elle est très spontanée, excitée comme une puce. C'est un moment très drôle et très sympa. Tous les francophones de la rame rigolent avec nous !
Enfin, il y a cet échange nettement plus chaud avec des vendeurs de DVD pirates dans la rue... J'ai beau essayer de rester dans la blague, je sens que c'est limite. L'un deux me menace carrément. Je fais comme si rien n'était sérieux, pour qu'ils comprennent que je ne suis pas un flic, ni une menace. Ils sont plusieurs autour de moi, je bats en retraite avant que ça ne dérape. Pour finir, je ne me suis pas fait bousculer. Au cours de la série, cela ne m'est d'ailleurs jamais arrivé. J'ai toutefois conscience que ma protection par l'humour n'a rien d'une science exacte. En Grèce comme ailleurs, il faut rester prudent.

La Grèce en quelques chiffres

Nombre d'îles dans l'archipel : environ 9 800
Proportion de francophones en Grèce : 9 % de la population
Température moyenne maximale à Athènes en mai : 31 °C
Température dans le tramway d'Athènes (climatisé) : 26 °C

Au lit !

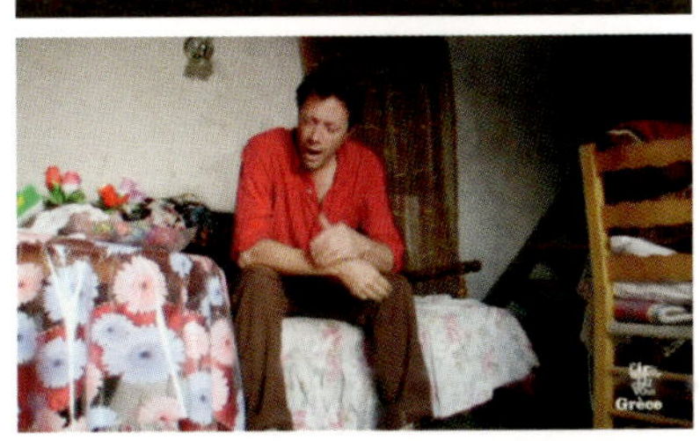

ΣΑΠΠΕΣ
ΤΡΕΙΣ

Chance et hasard

Ce que cela veut dire pour moi

On me dit souvent que je me trouve au bon endroit au bon moment. C'est une des constantes de J'irai dormir chez vous. *Est-ce que j'ai de la chance ? Est-ce que c'est le hasard ? Est-ce que j'ai l'œil ? Je pense que c'est un peu les trois à la fois.*

La chance

Napoléon, avant de confier une mission à un soldat, demandait s'il avait de la chance. Le plus souvent, ce que l'on appelle « chance » n'est que le moment où les choses basculent. Mais les gens qui ont de la chance ont généralement fait ce qu'il fallait pour être dans la position de parvenir à leurs fins. Ils mettent simplement toutes les chances de leur côté. Et au moment où ça bascule, ceux qui n'ont rien fait disent : « Ils ont de la chance. » Je me suis souvent dit que j'avais de la chance quand je tournais la série, mais je pense que tout le monde aurait pu avoir la même.

Le hasard

Effectivement, je ne sais jamais ce que je vais trouver. Ça, c'est le hasard. Mais le plus important, c'est d'y aller, de sortir dans les rues avec mon matériel. Même si je suis fatigué, même si je suis convaincu qu'il ne va rien se passer.
C'est en travaillant sur des films animaliers que j'ai compris ça, entre autres pendant le tournage du Peuple singe, *de Gérard Vienne. On avait eu une journée chargée et on devait terminer en allant sur une île où se trouvaient des chimpanzés. Personnellement, je trouvais qu'on avait gagné le droit de se reposer, et finalement nous n'avons pas bougé. Le lendemain, on a appris qu'il y avait eu une bagarre spectaculaire, ce soir-là, entre les babouins et les chimpanzés : nous avions raté des images exceptionnelles !*
Gérard ne m'en a pas voulu, mais il m'a dit qu'avec les animaux il ne faut pas raisonner, il faut toujours y aller. Pour J'irai dormir chez vous, *dans la mesure où je ne cherche rien de précis, c'est pareil. Même quand je n'ai pas envie de sortir de l'hôtel, je ne me pose pas de questions, j'y vais. Parce que je sais qu'à chaque fois, je rapporte une séquence.*

Pourquoi *je demande un visa pour aller en Iran.* **Pourquoi** *je m'en sors bien avec les policiers à Qom.* **Pourquoi** *il n'y a pas que les autorités du pays qui compliquent ce tournage.* **Pourquoi,** *en rencontrant Massoud à Téhéran, j'ai une chance énorme.*

J'irai dormir chez vous Iran

Filmer en Iran n'a rien de simple, mais je me dis que ce serait bien d'y tourner un épisode de *J'irai dormir chez vous*. Il est hors de question d'y aller avec un visa de touriste. Je fais une demande officielle à l'ambassade. Je ne cherche pas à aborder les problèmes politiques ni le nucléaire : ils vont peut-être accepter. Après plusieurs semaines d'attente, j'obtiens le feu vert. Je pars donc avec un visa de journaliste et c'est capital : honnêtement, je me méfie de ce gouvernement. Je sais que si, pour une raison ou pour une autre, ça se passe mal, je peux très bien rester un an ou deux en prison. Il est facile de décréter que tu as enfreint la loi. D'ailleurs, quelques mois après mon tournage, une étudiante française, Clotilde Reiss, sera emprisonnée plusieurs mois pour avoir filmé une manifestation avec son téléphone portable. J'ai d'autant moins envie d'être bloqué en Iran que dès mon retour, je dois me concentrer sur la promotion de mon film, qui sort mi-novembre.

J'ai donc un visa de journaliste, et c'est capital.
Car, honnêtement, j'ai peur qu'il m'arrive quelque chose.

Le tournage démarre plutôt mal. Alors que je viens de commencer à filmer, un type en civil m'interpelle et me ramène à mon hôtel pour contrôler mes papiers. Il se comporte comme s'il venait d'interpeller un dangereux ennemi du régime. Je perds beaucoup de temps ; ça finit par s'arranger, mais ça donne le ton !

Comme d'habitude, je taquine un peu tout le monde mais je ne suis pas très tranquille : je ne sais pas exactement où sont les limites, je navigue en eaux troubles, entre ce qui n'est pas vraiment permis et ce qui est carrément interdit. Tous les pays, même les plus ouverts, possèdent de nombreuses lois et heureusement... ne les appliquent pas ! Ce serait invivable. En revanche, pour ennuyer quelqu'un, il suffit de les mettre en pratique sans tolérance. Et c'est ce que je crains. Surtout que je fais des trucs plus ou moins réguliers, comme tourner les forces de police ou dans la cour d'une mosquée.

Bien sûr, je sais qu'il est interdit de filmer les policiers. Mais là, ils voient bien que je les filme et on s'amuse. Ils m'ont même invité à dîner. Malheureusement, quand leur chef arrive, il me chasse. Fin de la séquence, mais c'est peut-être mieux comme ça.

Je prends ensuite le train pour Yazd, une petite ville du désert, dans le centre du pays. C'est là qu'une de mes paluches tombe en panne; impossible de réparer, j'appelle la France. Il faudra plusieurs jours pour m'en envoyer une autre. En attendant, je fais tout pour terminer ma séquence sur place et pour ne pas prendre trop de retard.

Comment tourner avec une seule paluche? Je décide de garder celle qui filme mes interlocuteurs et de me filmer en tenant ma caméra de poing à bout de bras, tournée vers moi. C'est épuisant, mais je n'ai pas le choix. En revanche, je conserve mon harnais avec la tige même si cela ne sert à rien : si je le retire, j'ai peur que l'on croie que je filme en cachette.

Une chance: je rencontre rapidement **Massoul**. Il est afghan mais parle parfaitement le français. J'apprends qu'il vit en Belgique. Il est venu voir sa famille qui a fui l'Afghanistan pour se réfugier en Iran. Ils habitent tous dans un sous-sol et sa tante accepte de me recevoir. Ce sera une belle séquence.

Pendant ce temps, Bonne Pioche paie un billet d'avion à une amie iranienne, Nazanine, pour qu'elle fasse un aller et retour à Téhéran. C'est le moyen le plus rapide pour que je récupère une caméra. Je réaliserai plus tard que c'était une mauvaise idée. D'abord parce qu'à cette période n'importe quel Français pouvait aller en Iran sans visa à condition de rester moins de trois jours – ça, je ne le savais pas. Mais surtout, les autorités constateront une erreur sur son passeport iranien : elle sera retenue à Téhéran pendant deux semaines, et rentrera en France après moi!

Mais je n'imagine pas tout ça lorsque je pars pour Qom, dernière étape de mon voyage. Cette ville est un des fiefs des ultrareligieux, et les mollahs y ont beaucoup de poids. Je sais que ça risque d'être délicat. Au début, tout se passe bien. J'asticote les mollahs et je les trouve plutôt sympas. Je sens qu'ils sont rigoureux, mais paradoxalement, ils aiment bien mon approche et mon ton taquin.

À un moment donné, un homme m'aborde et me parle du gouvernement qui étouffe les libertés. Je coupe immédiatement mes caméras : je sais qu'il risque la prison et peut-être pire, et je ne veux pas prendre ce risque pour lui. D'autant plus que je n'écarte pas l'idée d'être suivi, puisque je suis officiellement dans le pays.

Un peu plus tard, des policiers en civil m'interpellent. Ils veulent savoir ce que je fais. Ils m'accompagnent à l'hôtel. Heureusement, avec mon visa de journaliste, je suis en règle. Mais ils me demandent de leur montrer mes images. Et ça va durer une heure et demie!

Je pioche dans mes cassettes au hasard, en espérant ne pas tomber sur celles où j'ai filmé les flics ou la mosquée. Je me demande aussi ce qui se passerait s'ils voyaient la séquence avec des jeunes rencontrés dans le train, qui m'ont montré des photos franchement porno sur leurs téléphones portables...

Je suis inquiet, mais je détends l'atmosphère comme je peux. Avec enthousiasme, je leur montre fièrement mon matériel. Je n'hésite pas à plaisanter pour dédramatiser la situation. Il faut qu'ils se sentent en face d'un type à la conscience tranquille. Mais je commence à avoir envie de quitter ce pays où je n'arrive pas à me détendre vraiment. En fait j'ai peur, tout le temps. Je ne saurais même pas dire pourquoi. Je me fais peut-être des idées, mais le fait est là. Quelque temps plus tard, je constate qu'un de mes enregistreurs est encore tombé en panne, probablement à cause de la chaleur. Cela se passe au moment où je filme ma rencontre avec les étudiants en anglais. En rentrant à l'hôtel, je m'aperçois que c'est fichu : les images s'arrêtent toutes les cinq secondes, il y a quelques petits bouts utilisables, çà et là. Tant pis, il faut que je rentre. Le pire, c'est que je n'ai toujours pas réussi à dormir chez l'habitant. L'Iran sera-t-il mon premier échec ?

Je retourne à Téhéran et là, je vais avoir un énorme coup de chance. Dans le bus, je rencontre **Massoud**. Il parle très bien l'anglais et le courant passe tout de suite. Je le suis à son école où il doit donner un cours d'anglais, puis nous allons chez lui. Il vit dans une étrange cabane, posée sur le toit d'un immeuble, entourée de paraboles qui sont pourtant interdites en Iran. Je rencontre son cousin et tous les trois, nous passons une excellente soirée. Il me cuisine le meilleur repas de tout mon voyage.

Dans l'avion du retour, je suis plutôt démoralisé. Je pense que je n'ai pas assez de matière pour le film : il va falloir demander un autre visa, revenir finir le tournage, et cette perspective ne m'enchante guère. Pourtant, en jonglant avec les petits moments utilisables, Anaïs Enshaian, ma monteuse, arrive à récupérer plusieurs séquences où l'on ne sent même pas le manque de plans. Au final, je n'aurai pas besoin de retourner en Iran. Le film est sauvé !

Je peux alors commencer la tournée de promotion de *J'irai dormir à Hollywood*. Je ne le sais pas encore, mais nous allons faire plus de soixante avant-premières dans toute la France. Ce n'est pas tout de suite que je vais pouvoir me reposer...

Je pense aussi aux femmes voilées *croisées à Yazd, en sortant de la mosquée. J'ai senti de bonnes natures, très positives.*

L'Iran en quelques chiffres

Nombre d'employés de la filiale Peugeot à Téhéran : 19 000

Population afghane en Iran : 1,2 million d'habitants

Date des plus anciens vestiges archéologiques découverts à Qom : Ve millénaire avant notre ère

Pourquoi *je suis d'abord passé par le Belize.* **Pourquoi** *je n'y suis pas resté.* **Pourquoi** *je garde un souvenir exceptionnel du Mexique.* **Pourquoi** *les fins d'année y sont spectaculaires et joyeuses.*

Mexique

J'irai dormir chez vous

Je tourne l'épisode 28 fin 2008, juste après la sortie en salle de mon long métrage, *J'irai dormir à Hollywood*. La promotion du film a été épuisante. Nous avons fait soixante-dix avant-premières dans toute la France et je suis crevé. Il reste deux semaines avant les vacances de Noël, j'ai juste le temps de tourner un *JDCV*, à condition d'aller dans un petit pays, où les transports seront simples. Je pense alors au Belize, un pays d'Amérique centrale que peu de gens connaissent. Je relève quelques infos sur l'Internet : cela semble être un endroit calme, *a priori* sans problèmes… En outre, je n'y suis jamais allé, c'est parfait ! Après deux jours de voyage, je débarque à Belize City, l'ancienne capitale et la plus grande ville du pays. À mon arrivée, je suis envahi par une atmosphère de « bout du monde » comme j'en ai rarement éprouvé. Le Belize est un pays pauvre, en dehors des routes commerciales, oublié. Les touristes qui vont au Belize vont faire de la plongée sur les îles où se trouvent les luxueux complexes hôteliers. Bien peu débarquent sur le continent. Et ses habitants le ressentent cruellement.

Rapidement, je sens que le pays est moins idyllique que je le pensais. Des petites choses me mettent la puce à l'oreille. Entre autres, on ne peut pas entrer dans les épiceries qui restent ouvertes le soir. Elles sont barricadées. Seul un petit espace libre dans une solide grille permet les transactions : on paye et l'épicier donne la marchandise. Je croise aussi des hommes pas très nets dans les rues. L'endroit n'est peut-être pas dangereux, mais une certaine violence s'en dégage. Pourtant, je suis content d'être là. Humainement, le tournage va être très intéressant.

Ça démarre même bien. Je fais de jolies rencontres, des gens qui me parlent du pays, de l'isolement. Je rentre à l'hôtel et je visionne mes images. Au bout d'une trentaine de minutes, elles deviennent roses sur les deux caméras ! J'ai un équipement de secours. Dans les jours qui suivent, j'essaie différentes combinaisons. Rien ne marche. À chaque fois, au bout d'un moment, les images virent au rose. Au bout de deux jours, il n'y a plus qu'une solution : récupérer d'autres caméras. Mais je n'ai plus que dix jours pour tourner le film. Bonne Pioche me dit que le plus rapide serait d'envoyer les caméras à Cancún, au Mexique. La ville est touristique, le dédouanement plus simple. Il me faut une journée pour y aller en autocar. Je fais mon sac et je file à la gare routière.

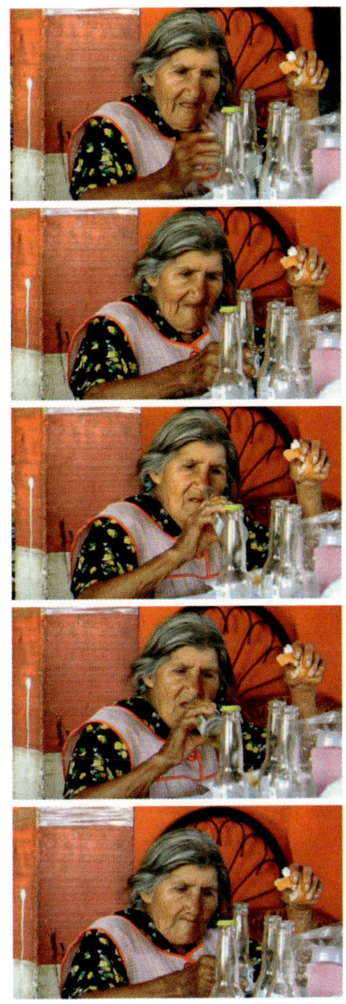

En arrivant au Mexique, je suis saisi par la différence d'ambiance. C'est le jour et la nuit ! Plus exactement, j'ai l'impression de passer de la nuit au jour ! Les gens sont souriants, la bonne humeur est partout. Le lendemain, je récupère le matériel, livré directement à mon hôtel de Cancún. Il me reste moins de neuf jours. J'ai envie de filmer le Belize, mais y retourner me prendra une journée, plus une deuxième que je perdrai au retour pour rejoindre Mexico. Je n'aurai plus, alors, que sept jours. Ce n'est vraiment pas raisonnable. Je décide de changer mes plans et de poursuivre mon périple au Mexique.
J'y suis déjà allé plusieurs fois. J'y ai réalisé, entre autres, un documentaire sur une expédition exceptionnelle dans le Chiapas, en 1997. Des spéléologues italiens avaient découvert des traces précolombiennes zoques, d'une civilisation postmaya, dans le canyon d'un *rio* particulièrement difficile d'accès. Ils avaient monté une expédition scientifique et avaient mis leurs compétences au service d'archéologues. Le tournage m'avait mené dans des grottes situées dans des falaises de plusieurs centaines de mètres de hauteur. Les fouilles avaient mis au jour des cadavres d'enfants sacrifiés, ainsi qu'un important centre cérémoniel perdu dans les forêts impénétrables du Chiapas. Le tournage avait été passionnant, à tous points de vue, et j'avais même eu l'occasion de survoler les pyramides de Palenque en montgolfière pour les filmer.
En revanche, à l'époque, je n'avais pas pu aller à Chichén Itzá, l'ancienne cité maya. Or je n'en suis qu'à une centaine de kilomètres. Je décide donc d'y commencer l'émission. Mais n'ayant pas d'autorisation de tournage, je cherche à ne pas trop attirer l'attention sur moi. Malheureusement, je commence à être connu. Un groupe de Français est ravi de me rencontrer. Le seul moyen de m'en sortir : faire comme si je les connaissais. Je fais la bise à tout le monde et j'explique aux gardiens intrigués par cette animation soudaine que nous nous sommes rencontrés dans l'avion. Pas très discret comme entrée en matière, mais on me laisse passer sans poser de questions...
Puis je prends une chambre à Piste, une petite bourgade située à deux kilomètres du site. C'est la tombée de la nuit, mais le temps presse. Au lieu de me reposer, je sors directement me promener en ville. J'arrive sur la place et je vois des gens qui semblent attendre quelque chose. J'apprends alors que ce soir, on célèbre la Vierge de Guadalupe, la patronne du Mexique ! Une célébration très importante, avec des chants, des danses, une retraite aux flambeaux. Sauf qu'à 23 heures, il n'y a toujours rien. Le cortège arrive finalement, et avec lui ce feu d'artifice incroyable, certaines fusées retombant dans la foule, pendant que les pompiers bénévoles courent avec des extincteurs. L'ambiance est joyeuse. Une ambiance que je retrouverai pendant tout mon

Les gens sont souriants, *la bonne humeur est partout.*

séjour. Comme avec le Père Noël, dans la dernière partie, à Oaxaca.
Au-delà de ces moments festifs, un autre temps fort de cet épisode, c'est quand je cherche un scooter, histoire d'être un peu autonome. Je suis encore à Piste, qui n'est pas un endroit très touristique. On ne peut y louer ni voiture ni... rien. Donc, je demande à tous ceux qui ont un scooter, dans la rue, s'ils veulent bien me louer leur engin. Et voilà que je tombe sur ce type, avec son incroyable scooter hi-fi, équipé d'un lecteur de CD avec quatre énormes haut-parleurs intégrés à la carrosserie ! Une référence dans le tuning du deux-roues !
Il accepte de me louer son bébé. Il a confiance, celui-là, quand même ! Entre le moment où je lui pose la question et celui où il accepte, il ne se passe pas cinq minutes ! Pour seule caution, je lui laisse mon numéro de téléphone portable français et le nom de mon hôtel ! Le plus étonnant, c'est que lorsque je reviens de ma petite balade, je dépose simplement le scooter devant chez lui, et je glisse l'argent sous sa porte. Je ne le reverrai même pas ! Je crois que c'est parce que je m'amuse, que ça marche.
D'ailleurs, tout au long de l'épisode au Mexique, tout se passera particulièrement bien. Après coup, je me dis même que j'en ai peut-être montré un côté un peu trop gai, trop festif. Mais c'est parce que je suis resté dans des zones relativement tranquilles. Je ne suis pas allé à Mexico, considérée comme une ville très dangereuse. J'ai évité également le nord du Mexique, avec ses narcotrafiquants. Comme pour tous les *J'irai dormir chez vous*, c'est le récit du voyage que j'ai eu envie de faire. Un voyage subjectif donc, mais filmé de manière objective.

Le Mexique en quelques chiffres

Longueur du plus grand récif corallien du continent américain, le récif du Belize : 290 km
La pyramide de Kukulkan de Chichén Itzá est l'une des 7 merveilles du monde moderne élues en 2007
Nombre de marches de la pyramide de Kukulkan : 91 pour chacun des 4 escaliers, soit 365 en tout en comptant la plate-forme du sommet
Nombre de visiteurs de Notre-Dame-de-Guadalupe à Mexico : 20 millions par an (8 millions autour du 12 décembre)

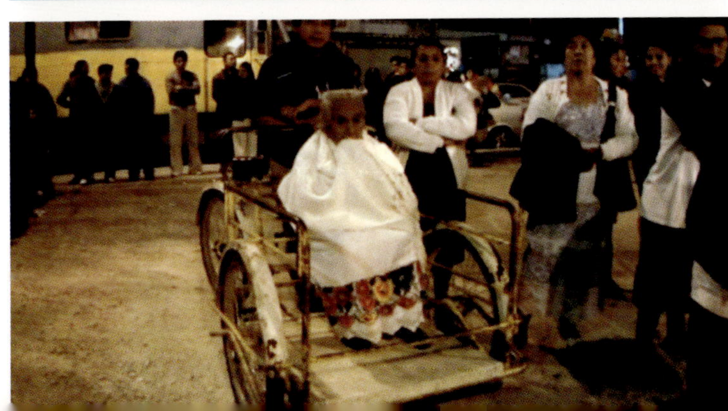

Pourquoi *c'est le moment ou jamais d'aller en Nouvelle-Zélande.* **Pourquoi** *tout y est un peu trop tranquille pour moi.* **Pourquoi** *les campeurs sont sympas dans l'île du Nord.* **Pourquoi** *je m'endors comblé chez Nikora, le DJ maori.*

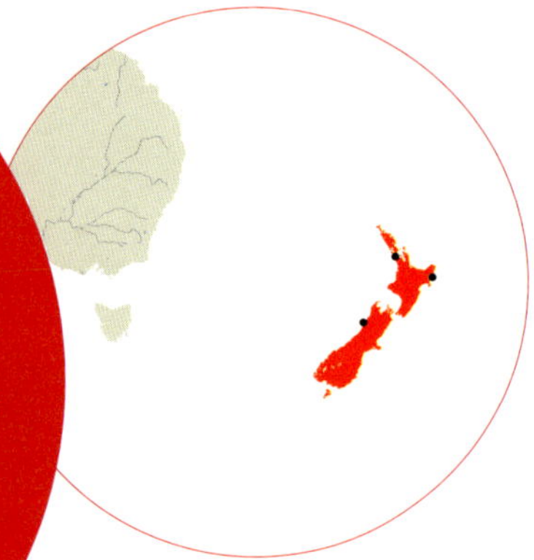

Nouvelle-Zélande

J'irai dormir chez vous

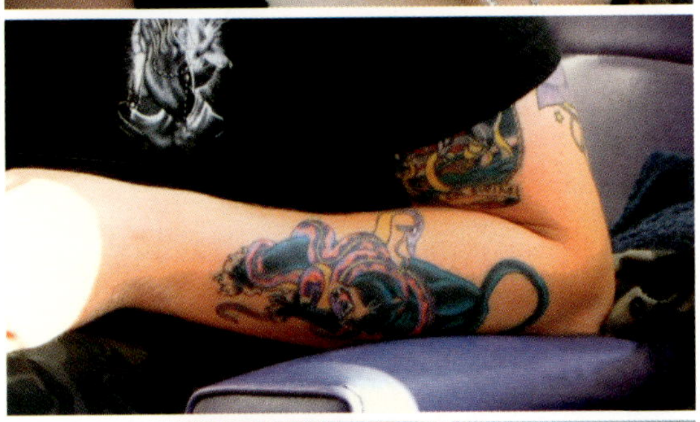

En janvier 2009, il ne me reste plus que deux épisodes à livrer aux chaînes de télévision. La suite étant incertaine, je décide de me faire plaisir. Cette série m'a permis de parcourir des pays qui m'attiraient et où je n'avais jamais mis les pieds, comme la Chine, le Japon, la Polynésie... La Nouvelle-Zélande fait partie de ces pays où l'on ne va pas souvent. C'est l'occasion! Et puis, tant qu'à faire, je me dis aussi qu'au retour, je peux passer par l'Indonésie, et boucler l'ultime épisode... En tout, je partirai carrément cinq semaines et ce sera moins *speed* que d'habitude. Ce sera moins dur, aussi, pour les décalages horaires. Je commencerai par la Nouvelle-Zélande, qui se trouve aux antipodes avec douze heures de décalage. Paradoxalement, je trouve que c'est plus facile à récupérer que six heures.

Je l'ai constaté en 1999, lorsque j'ai enchaîné la présentation des émissions *Zone sauvage* puis *Les Nouveaux Mondes*, sur France 2. Une période de folie. Jugez plutôt : j'avais parcouru onze pays – Pologne, Tunisie, Kenya, Gabon, Vanuatu, Malaisie, Népal, Égypte, Afrique du Sud, Pérou et Maroc – en quatre mois et demi! Je me rappelle être rentré du Pérou le matin, et reparti pour le Maroc le soir même... À la fin, j'étais tellement fatigué que j'étais hors décalage horaire ! Dès que j'avais cinq minutes, je m'endormais. Et, curieusement, je dormais bien! En revanche, je suis parti en vacances juste après et j'ai eu du mal à ralentir. J'ai enquillé des centaines de kilomètres en voiture. En quatre semaines, j'ai fait le tour de France en zigzag, ne m'arrêtant parfois que le temps d'un repas ou d'une nuit, avant de repartir voir d'autres copains à deux ou trois cents kilomètres de là. Alors, enchaîner la Nouvelle-Zélande et l'Indonésie, ça devrait aller.

Me voici donc à Auckland. Ce n'est pas la capitale, mais c'est la ville la plus animée. Elle a des allures de petite cité balnéaire, avec de jolis bateaux. C'est riche, propre, moderne, et plutôt calme. On sent que l'on est en dehors des routes principales. Le pays n'est pas une plaque tournante. Je n'aimerais pas vivre ici, j'ai besoin que ça bouge davantage...

Nikora est le DJ et l'animateur de la radio locale. *Il est maori avec du sang écossais. Il m'invite à l'antenne : c'est la seule fois de la série où je passe à la radio pour expliquer ce que je fais.*

Heureusement, ça démarre bien ! Je rencontre **Emma et Logan**, un couple joliment tatoué, dès le premier soir. Je m'invite à dîner, ça les amuse beaucoup. La rencontre est intéressante parce que l'on aborde, notamment, le sujet des Maoris, les premiers habitants du pays. J'apprends que le tatouage fait partie intégrante de la culture maorie. Par la suite, je rencontrerai de nombreux tatoués.

Je me rends ensuite sur l'île du Sud. Histoire de me perdre un peu, je loue une voiture et je remonte vers Westport, sur la côte Ouest. La route se termine en cul-de-sac. Il pleut beaucoup ici : sept fois plus qu'en Bretagne, c'est dire ! Cette pluie forte et qui ne s'arrête pas m'impressionne. Il n'y a pas grand-chose aux alentours, mais je fais des rencontres sympas dans ce coin désolé, comme celle de **Cherie**, dont la jolie petite maison donne sur la plage. Elle a échoué là, en quelque sorte, même si je ne sais pas trop quelle a été sa vie auparavant…

Par la suite, je décide de remonter vers Gisborne, dans l'île du Nord. Cette ville se targue d'être la première au monde à avoir passé le cap de l'an 2000 mais ce n'est pas tout à fait vrai. Disons qu'ils jouent sur les mots, dans la mesure où l'on trouve d'autres patelins plus à l'est, mais ce ne sont pas à proprement parler des villes. L'endroit m'attire parce qu'on y trouve beaucoup de Maoris.

Je me procure un petit scooter et je me balade le long de la mer. Je tombe alors sur des caravanes et des tentes, en bordure de très belles plages. Je m'arrête et découvre que certains sont en vacances, d'autres simplement en week-end. La plupart vivent à Gisborne, à quelques kilomètres de là. Il est vrai que la Nouvelle-Zélande est tellement isolée que pour partir en congés il faut aller soit en Australie, soit beaucoup plus loin. Du coup, un grand nombre d'habitants ne quittent pas le pays pour les vacances.

Je rencontre un plombier, **Ray**, et sa femme **Brenda**. Ils sont très sympas et m'offrent spontanément le thé. Ils ont une petite maison, à cinq kilomètres de là, qui surplombe la mer, mais ils viennent camper le week-end. Il m'explique fièrement qu'ici, le téléphone ne passe pas. C'est ça, les vacances ! Ils me montent une tente, pour que je puisse dormir là, avec mon duvet. Je me réveille un peu avant l'aube et je réalise que j'ai oublié de filmer le moment où

je me suis couché. Il fait encore sombre dans la tente, je répare mon oubli. Je place ma caméra, fais un petit coucou au spectateur et je me rendors. Mais cette séquence ne sera pas dans le film. Le moment que je vais passer avec les Maoris sera plus original.

C'est un peu plus au nord que je rencontre **Nikora** et ses amis. Il est maori, avec du sang écossais, et c'est l'animateur de la radio locale. Il m'invite à l'antenne. C'est la seule fois dans la série où j'explique à la radio ce que je fais. Et ça marche ! Je vais avoir des tas de propositions de gens qui m'invitent à dormir chez eux ! Mais je préfère poursuivre mon bout de chemin avec lui.

Il me donne rendez-vous l'après-midi au jeu de boules. Quelques instants après l'avoir retrouvé, je m'aperçois que j'ai oublié de déclencher mes paluches. Je ne me dégonfle pas et je reprends une technique déjà employée en Écosse : je sors, je m'éloigne de quelques mètres et j'entre à nouveau dans le club ! Je fais comme si j'arrivais, avec un tel aplomb qu'ils rejouent la scène sans même s'en rendre compte !

Le soir, je passe un long moment très festif et très arrosé avec Nikora, sa famille et ses amis. Ils chantent en s'accompagnant à la guitare, de plus en plus faux, mais c'est très sympa.

C'est au moment où je vais me coucher qu'Emmanuel Priou, l'un des producteurs de Bonne Pioche, m'appelle pour m'informer que mon long métrage, *J'irai dormir à Hollywood*, est nominé aux Césars dans la catégorie « Documentaires ». Je m'endors heureux et comblé...

La Nouvelle-Zélande en quelques chiffres

Précipitations moyennes à Westport : 2 274 mm/an
Pour relativiser, précipitations moyennes à Milford Sound (sud de l'île du Sud) : 6 440 mm/an
Record du monde de saute-mouton : en 2011, 1 325 participants ont sauté pendant 5 minutes à Christchurch.
Nombre d'opossums par habitant : 16

***Pourquoi** la variété de l'Indonésie me semble prometteuse. **Pourquoi**, même à Bali, je parviens à sortir des sentiers battus. **Pourquoi** l'étape papoue a été une sacrée galère. **Pourquoi** je me suis un peu retrouvé dans un jeune businessman de Java.*

Indonésie

J'irai dormir chez vous

Si je choisis d'aller en Indonésie, en ce début d'année 2009, c'est parce que je sais que j'y trouverai une grande variété de gens. Des musulmans, des hindous, des Papous... Des gens aussi différents dans le même épisode, c'est d'une grande richesse !

Je suis parti cinq semaines pour tourner en un seul voyage la Nouvelle-Zélande et l'Indonésie. Or, mon premier tournage s'est bien passé, et j'ai trois semaines à passer ici. C'est large ! J'ai même un peu l'impression d'être en vacances.

Je commence par Bali. Quand on pense à Bali, la première idée qui vient à l'esprit, c'est le tourisme. Un peu comme l'île de Pâques ou Hawaii. Et pourtant, bien que l'île soit petite, il y a des endroits qui échappent aux touristes. Il suffit de louer un petit scooter pour s'éloigner des routes principales et oublier les vacanciers.

Comme souvent, c'est l'imprévu qui conditionne la rencontre. C'est le cas avec des paysans, sous un gros orage. Je ne me serais probablement pas arrêté là si le ciel ne m'était pas tombé sur la tête. Et c'est comme ça que les amitiés se nouent. Quand la pluie commence à se calmer, je demande à tous mes compagnons d'infortune de m'accueillir. Ils refusent, mais c'est très drôle. Finalement, **Yusa** propose de m'héberger. Je me retrouve dans un petit village où vit toute la famille. Les gens sortent les uns après les autres pour voir l'étranger. Bien évidemment, ils en voient souvent, mais un qui vient passer la nuit chez eux, ça c'est l'événement !

On passe une soirée très drôle. Ils me disent que je ressemble à Mr Bean. J'espère qu'ils se basent sur mes grimaces et pas sur ma plastique, sinon c'est le blues !

Prochaine étape, l'Irian Jaya, la partie indonésienne de la Papouasie. Le centre de l'île fait partie des derniers endroits vraiment sauvages de la planète. J'ai un peu de temps et j'espère m'éloigner des zones les plus civilisées.

Cette fois-ci, je ne pars pas seul. Une dizaine de jours auparavant, alors que j'étais encore en Nouvelle-Zélande, je me suis rendu compte que j'étais peut-être en train de terminer la série et qu'aucun journaliste n'était jamais venu avec moi pour voir comment se passe réellement un tournage. C'est tout de même dommage.

Évidemment, il aurait été mieux de préparer ça avant de partir, mais je sais maintenant que quand rien n'est prévu, tout est possible. Donc je ne me pose pas de questions et je fonce. Je commence par trouver un journaliste. J'appelle un mec que je connais à *Télérama*, mais il n'est malheureusement pas disponible. Je pense alors à une journaliste qui faisait partie du voyage de presse au Maroc organisé par la chaîne Voyage. Elle m'avait dit à l'époque qu'elle voulait partir sur ce genre de reportages : c'est l'occasion.

Je l'appelle, elle est tout de suite partante et arrive à persuader *Télé 7 Jours*. Pris de cours, le service de presse de la chaîne est d'accord. Et c'est réglé ! Je n'en reviens pas moi-même.

C'est ainsi que je m'envole avec **Caroline** Douteau pour Wamena, en plein centre de l'île. Et là, patatras ! un de mes enregistreurs tombe en panne. Je suis obligé d'utiliser un disque dur de sauvegarde qui fonctionne sur batterie. Plus de télécommande, il enregistre en continu et je me retrouve avec des heures d'images sans intérêt, dont il faut copier les bons moments sur cassette après chaque sortie. Impossible de m'éloigner dans la forêt.

Je ne comptais pas aller loin, mais je sais qu'à une journée de marche, on rencontre des gens complètement nus avec leur étui pénien. Malheureusement, c'est râpé. C'est rageant ! J'appelle Bonne Pioche pour que l'on m'envoie un autre enregistreur, mais je ne l'aurai qu'en revenant à Bali. En attendant, il faut sauver cette partie du film.

Il y a quelques années encore, je m'énervais beaucoup, essentiellement contre moi. Et souvent, en voulant régler un problème, je faisais d'autres conneries par-dessus... Aujourd'hui, en cas de pépin, je cherche à m'en sortir très méthodiquement. Je contrôle même mes émotions pour me forcer à garder le moral. Maintenant, cette série me porte tellement que j'ai parfois l'impression d'être indestructible.

Quant à Caroline, elle suit, fait des photos et prépare son article. C'est bien parce qu'elle assiste à une vraie galère. Et surtout, elle est cool, parce que chaque fois qu'elle se retrouve dans le champ de ma caméra, je hurle : « Putain, Caroline, casse-toi ! » Ce qui n'est pas très élégant, j'en conviens. Elle s'esquive et ne se formalise pas.

Heureusement, je vais avoir de la chance. Je rencontre **Yulie** qui lave des légumes dans la rivière. Elle est exceptionnelle, drôle et pleine d'énergie. Elle se fout de moi, fait hurler de rire toutes les autres femmes. Ce genre de personnage, ce n'est que du bonheur pour un film. Grâce à elle, je suis accueilli par sa famille et je tourne la séquence de fin de l'épisode.

À Bali, je récupère le matériel et je file à Surabaya, la deuxième ville du pays, sur l'île de Java. Très rapidement, je rencontre **Stefan**, un jeune businessman. Il me plaît parce qu'il veut réussir et ne ménage pas son énergie. Il lance des pistes tous azimuts en se disant qu'il y en aura bien une qui marchera.

Le pire des regrets, c'est de ne pas avoir essayé. *Je pense que Stefan et moi, là-dessus, on s'est trouvés.*

Une bonne complicité s'installe assez vite. Je passe vingt-quatre heures avec lui et je mesure à quel point il a les dents longues. Il veut faire fortune, peu importe dans quel domaine. Ainsi, il fabrique des glaces, fait de l'horticulture, imprime des affiches politiques. Je sais qu'il a raison : quand on se bouge, on arrive toujours à quelque chose.

Ça me rappelle une histoire vraie, qui illustre bien cette conviction. Je ne me souviens plus de qui il s'agit, mais un navigateur célèbre, sans un sou à l'époque, voulait naviguer autour du monde. Et voilà qu'il trouve une épave de voilier par quatre mètres de fond dans un port. Il se met en tête de la renflouer. Son idée : plonger en apnée pour remplir l'habitacle avec des bidons vides. Lorsqu'il y en aura suffisamment, le bateau remontera naturellement à la surface. Son manège dure des jours. Épuisant ! Et ça va payer : il finira pas avoir son bateau.

Mais ce ne sera pas le bateau qu'il convoitait. Un vieil homme, qui possède un voilier amarré dans le port, le regarde plonger chaque jour. Il est malade et sait qu'il ne naviguera plus : il va lui donner son voilier, tout simplement parce qu'il trouve qu'il le mérite.

J'aime cette histoire parce que la morale est simple : si tu veux quelque chose, bats-toi, même si tu ne sais pas si ça va marcher. Tu n'auras peut-être pas ce que tu espérais, mais tu obtiendras forcément quelque chose.

Quant à **Stefan**, il est content que je m'intéresse à lui, car à vingt-cinq ans, il a encore tout à prouver. Je comprends bien ça : aujourd'hui encore, quand je raconte mes projets, je me rends compte, à travers le regard et l'écoute de l'autre, s'ils peuvent réussir ou pas. Et ça nourrit ma conviction, ça me motive, ça m'aide à faire mes choix. Et ensuite j'agis. C'est aussi pour cela que l'échec ne m'effraie plus. Le pire des regrets pour moi, c'est de ne pas avoir essayé. Et c'est une façon de voir sur laquelle, Stefan et moi, on est assez d'accord.

L'Indonésie en quelques chiffres

Nombre d'îles en Indonésie : plus de 17 000, dont 6 000 habitées

La culture indonésienne : 312 groupes ethniques, 200 langues parlées

Record mondial du nombre d'orages par an : à Jakarta, 322 orages en 1916

Taux d'utilisation de l'Internet en Papouasie (en 2008) : 2 %

Indonésie

Deux-roues

Ce que cela veut dire pour moi

Je préfère me déplacer en deux-roues. Évidemment, il y a des pays où c'est impossible, soit parce que la météo est trop rude, soit parce que le risque de vol est trop grand, mais c'est le moyen de transport qui me semble le mieux adapté à la série.

Mon but est de rencontrer les gens, et en deux-roues, on voit bien qui tu es, à quoi tu ressembles; de plus, ces véhicules te mettent en position de faiblesse, tu t'exposes et ça rassure. Pour terminer, tu te démarques de la plupart des voyageurs qui se déplacent de manière plus classique, en bus, en voiture ou à pied. Et ça aussi, ça contribue à faire que l'on s'intéresse à toi.

Le fait d'arriver dans un endroit reculé avec une mobylette t'identifie immédiatement comme un mec à part. Et c'est une bonne chose quand on veut rencontrer des gens ouverts, un peu différents.

J'ai toujours aimé rouler, quelle que soit la vitesse. Ça ne me dérange pas de partir plusieurs heures sur une autoroute avec un véhicule qui n'avance pas. Lorsque j'avais quatorze ans, je roulais parfois en mobylette à 20 kilomètres par heure tout l'après-midi, juste pour voir défiler le paysage.

Au fond, je pense que le deux-roues est presque une seconde nature pour moi. J'en ai toujours eu. Et heureusement que j'en ai l'habitude, sinon je ne m'en serais pas sorti en Corse. Je portais mon harnais et mes paluches, je tenais parfois ma caméra de poing à la main en lui racontant ma vie. Et pourtant, je roulais sur de petites routes de montagne, sur une moto de trois cents kilos.

Le véhicule détermine la philosophie du voyage, cela ne fait pas de doute pour moi. On n'est pas du tout dans le même état d'esprit en faisant Paris-Marseille en trois ou quatre jours avec un petit scooter, qu'en faisant la route en voiture. Et ce sera encore différent si on prend le train.

C'est juste une question de choix...

Pourquoi *j'ai eu envie de retourner à Hawaii après vingt ans.* ***Pourquoi*** *faire le guignol sur une Harley m'a bien amusé.* ***Pourquoi*** *Bill et Terry, sur Big Island, avaient probablement besoin que je passe chez eux.* ***Pourquoi****, même quand tu crois être au paradis, ce n'est pas aussi simple que ça.*

Hawaii

J'irai dormir chez vous

Lorsque je pars pour ce trente et unième épisode de la série, cela fait un an que je n'ai pas bougé. Je me suis reposé et surtout j'ai réalisé un documentaire sur les coulisses du long métrage *Elle s'appelait Sarah* de Gilles Paquet-Brenner, avec Kristin Scott Thomas. Rien de commun avec *J'irai dormir chez vous*, mais j'envisage de passer un jour à la fiction. Bien que je connaisse les techniques de l'image, filmer une histoire imaginaire avec des comédiens n'a rien à voir avec ce que je fais habituellement : c'est carrément un autre métier. Il faut que je l'apprenne. Ce *making of* est pour moi un stage de huit semaines sur la réalité d'un tournage de cinéma. C'est d'autant plus intéressant que le film se déroule à deux époques, en 1942 et de nos jours.

Nous sommes donc au début du mois de janvier lorsque je repars sur les routes. C'est la quatrième saison de *J'irai dormir chez vous*. Après avoir évoqué d'autres destinations avec mes producteurs de Bonne Pioche, j'opte, en janvier 2010, pour Hawaii : l'une des raisons de ce choix est que je pourrai faire d'une pierre deux coups en m'arrêtant au retour à Vancouver pour les jeux Olympiques d'hiver. J'y tournerai de petites séquences pour France 2. *A priori*, tout se goupille bien...

Hawaii n'est pas tout à fait une nouveauté pour moi : j'y suis passé il y a vingt ans. Je filmais alors une mission de l'Ifremer* pour le magazine *Thalassa* de France 3. J'avais accepté de passer cinq semaines en haute mer et sans escale sur un bateau de recherche pour une seule raison : plonger à cinq mille mètres dans le sous-marin le *Nautile*. Huit heures d'immersion pour voir le fond de l'océan Pacifique : j'ai sauté sur l'occasion !

Le tournage avait été difficile parce que je tournais seul et en 16 mm. Je ne le savais pas, mais c'était un peu les prémices de *J'irai dormir chez vous* qui s'esquissaient, en tout cas d'un point de vue technique...

La mission s'était terminée à Hawaii, et je n'y étais resté que vingt-quatre heures avant de prendre un avion pour Paris. Vingt ans plus tard, je me souvenais d'un endroit propre, beau, presque trop *clean* !

Je commence par Honolulu. Le lendemain matin de mon arrivée, je loue la Harley que l'on voit dans le film. Je me régale. Je me la joue *Easy Rider*, sans casque, puisque ça n'est pas obligatoire ici ! Et je me dépêche de casser un peu le mythe en me mettant des bouchons dans les oreilles : c'est joli de voir passer une Harley, mais quand on est assis dessus, quel raffut !

Mon idée : aller vers le nord pour voir les surfeurs. Je me promène sur la plage, je parle à quelques personnes. Quand je rentre à l'hôtel, c'est la catastrophe. J'ai stupidement recouvert mes deux enregistreurs avec ma cape de pluie : plus d'aération, ils sont brûlants. Je ne peux même pas les tenir en main. Ils sont en panne tous les deux. Je n'en suis qu'au premier jour de tournage, je ne sais pas quoi faire.

J'évalue la situation et je réfléchis. Comme je partais à l'autre bout de la Terre, j'ai pris un équipement de rechange, mais il me manque tout de même un enregistreur. Seule solution, reproduire la technique utilisée en Indonésie : enregistrer une des paluches sur un de mes disques durs de sauvegarde. Ça m'oblige à ressortir les images chaque jour sur cassettes pour récupérer de l'espace. Bref, deux fois plus de boulot. Mais ça fera l'affaire le temps que du matériel de rechange arrive.

J'arrive le soir de Paris, et dès le lendemain, je loue la Harley que l'on voit dans le film. *Je suis trop content de faire le mariolle dessus, sans casque, puisque ça n'est pas obligatoire aux États-Unis !*

Roger, un Français de Belleville, de soixante-dix, quatre-vingts ans. Il me prend en stop, dans son pick-up qui n'a pas de sièges, d'ailleurs !

Roger a été déserteur, à l'âge de vingt ans. Ensuite, il a vécu dans le Grand Nord, où il a notamment accouché sa femme, et aujourd'hui, il est rebouteux à Hawaii. Bon pied, bon œil, pépère !

Je rencontre deux vieux surfeurs. C'est sympa, ils partagent la même philosophie hédoniste de la vie. Sauf que l'un, **Tim**, vient d'une famille aisée, et l'autre pas. Cela se voit... Tim est bien habillé, habite dans un petit appartement nickel, alors que **Max** vit dans un van...

Je vais dîner chez Tim. Le repas est sympa, il me raconte des tas de choses sur sa vie. Il ne peut pas me garder pour la nuit, mais ce sera mon personnage principal pour cette étape du voyage.

Je m'envole pour Molokai, une autre île. Je l'ai choisie parce qu'elle est peu peuplée et ne semble pas touristique. Et c'est là que je constate que j'ai raté l'entrée chez Tim : j'ai oublié de lancer le disque dur et, du coup, je n'ai que les plans de la paluche qui filme mes interlocuteurs. Quel abruti ! En plus de mes problèmes techniques, je trouve le moyen de faire des conneries ! Je suis très démoralisé. Le repas que j'ai filmé avec ma caméra de poing est bien, mais sans l'entrée dans la maison, il est inutilisable : je ne peux pas rencontrer quelqu'un dans la rue et me retrouver ensuite au milieu du repas !

Comme un fait exprès, je reçois un message de la production. Mon enregistreur est bloqué par les douanes américaines, on ne sait pas pour combien de temps. Ça fait beaucoup en une journée... Je suis à deux doigts de baisser les bras.

Au lit !

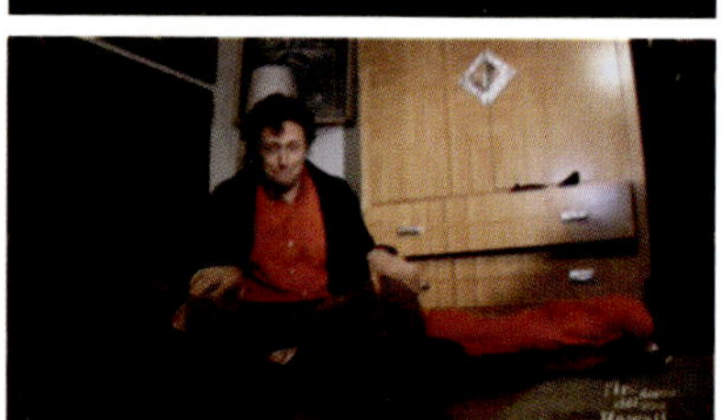

Mais je ne supporte pas l'idée de rentrer : j'ai fait tellement de chemin pour arriver jusqu'ici... Et puis, ce n'est tout de même pas normal, autant de malchance. Le sort s'acharne sur moi et ça m'énerve. Je décide de ne pas lâcher. De continuer à avancer en faisant de mon mieux pour que ça marche. Tout me semble tellement mal parti que j'ai envie de voir si, malgré tous ces problèmes, une obstination sans faille me permettra de finir le film. J'ai presque l'impression de faire une expérience.

Mais les problèmes techniques ne s'arrêtent pas là. Il se passe des choses inexplicables. Parfois, mon disque dur ne répond plus : il faut que je débranche certains câbles pour que ça remarche. À d'autres moments, le son disparaît.

Heureusement, chaque paluche possède son micro et il me reste toujours une piste utilisable.
Hormis ces nombreux soucis, le tournage sur Molokai se passe bien. Comme je m'y attendais, en choisissant cette île hors des sentiers battus je découvre un aspect nettement moins idyllique du mythe hawaïen. C'est un endroit un peu hors du temps, et il n'y a pratiquement pas de touristes. Je rencontre des sans-logis, comme cette femme qui vit dans un van alors qu'elle attend son dixième enfant. Je me retrouve ensuite à la soupe populaire, servie par l'Église locale.
C'est également là que je rencontre Zelda et Todd, menuisier, chez qui je vais passer la nuit. Ils sont drôles et assez déjantés. Ils vivent dans une petite maison de bois sur pilotis. C'est lui qui l'a construite et elle est complètement biscornue. Je ne m'y connais pas bien, mais elle ne me semble pas très solide. Leur chambre est au deuxième étage et je dors au premier. La nuit, lorsqu'il se retourne dans son lit, je sens la maison se balancer : c'est peut-être normal, mais je crains qu'en cas de tempête, elle finisse par terre comme un château de cartes. Toujours est-il que j'ai réussi à dormir chez l'habitant. À ce moment-là, j'ai de bonnes chances de sauver le film.
Cette partie du voyage se retrouvera à la fin de l'épisode. L'ordre des séquences dépend essentiellement du rythme global de l'émission. En général, j'essaie de mettre la meilleure séquence à la fin, la plus faible au milieu du film et la deuxième plus forte en ouverture.
Je termine mon voyage à Hilo, sur Big Island. Il me faut encore quelques séquences et le film sera bien.
Et ça va marcher. Heureusement, parce que mes problèmes techniques continuent! J'ai désormais des sautes de lumière sur une des paluches, et l'autre ne vise plus au même endroit qu'avant. Seule solution: continuer, surtout que le matériel bloqué par les douanes est carrément reparti pour la France!
Je rencontre **Bill**, le joueur d'ukulélé, et **Terry**, son épouse, au marché. Leurs enfants sont adultes mais sont tous revenus vivre chez eux avec femmes et enfants, pour des raisons économiques. Ici aussi, c'est la crise.
La maison est surpeuplée et je sens qu'il doit y avoir des moments de tension. En fait, je pense que j'arrive au bon moment, comme une sorte de soupape de sécurité. Ça pourrait bien expliquer l'ambiance très particulière de la soirée. Tout le monde hurle de rire, pour des choses qui ne sont parfois pas si drôles que ça. Mais la séquence est vraiment sympa.
Durant ce tournage, j'ai vécu d'autres beaux moments que je n'ai pas eu la place de mettre dans le film. Par exemple, une séquence où je vais à un spectacle alors que je n'ai pas de billet.
J'ai souvent constaté que mon équipement bizarre me permet de me faufiler dans bien des endroits. Je suis dans le théâtre de Hilo, où un spectacle va bientôt commencer. C'est complet et j'entends la déception de ceux qui n'ont pas de place. Je ne me pose pas de question et j'entre calmement dans la salle. Je veille à ne croiser aucun regard et surtout à avoir l'air occupé par mon travail. Je passe devant les portiers qui vérifient les billets: personne ne me demande rien. Je m'installe dans un coin pour le spectacle, et je terminerai la soirée dans les bars avec les comédiens.
Une autre belle rencontre est celle de **Roger**, un Français de Belleville âgé de quatre-vingts ans, qui me prend en stop dans son pick-up. Encore un type à part: il conduit assis sur une valise et je dois m'installer par terre! Roger a déserté le service militaire à l'âge de vingt ans. Ensuite, il a vécu dans le Grand Nord où il a, entre autres, accouché lui-même sa femme. Il n'est jamais retourné en France et aujourd'hui, il est rebouteux à Hawaii. Bon pied, bon œil, pépère!
Mais ça y est, j'ai mon film. Je n'ai qu'un regret: avoir raté la séquence du repas avec Tim. C'est d'autant plus rageant que j'ai une partie de l'entrée chez lui: il ne me manque que les plans sur moi. J'ai une escale de huit heures à Honolulu avant de quitter le pays. J'appelle Tim et je lui explique le problème. Il est d'accord pour que je refasse l'entrée dans sa maison. Je loue une voiture pour aller chez lui et je sauve les meubles en tournant les quelques plans qui manquaient.
Je repars d'Hawaii le cœur content : je n'ai pas lâché et ça a marché. Une vraie leçon pour moi. Il me reste à filmer Vancouver pendant les jeux Olympiques pour France 2. Ce sera plus simple car mes problèmes techniques sont terminés. J'ai trouvé un moyen sûr de récupérer mon matériel: ma copine Cécile me rejoint à Vancouver. Je joins l'utile à l'agréable, on ne pouvait rêver mieux...

* Institut français de recherche pour l'exploitation de la mer.

Hawaii en quelques chiffres

Prix de location d'une Harley à Honolulu : en moyenne 150 $ pour 24 h

Plus grosse vague surfée au monde : Jaws (Maui), qui peut atteindre 26 m.

Population de l'île de Molokai : environ 8 000 habitants, soit une densité de 11 hab/km²

Nombre de places assises dans le théâtre de Hilo : 923

Pourquoi le Ghana me fait penser au Belize. **Pourquoi** je me retrouve sans cash à Tamale. **Pourquoi** je veux être honnête avec les apprentis acteurs de Cape Coast. **Pourquoi** on n'aime pas les caméras au Ghana, surtout sur le marché d'Accra. **Pourquoi** je suis ravi de suivre le protocole dans un village.

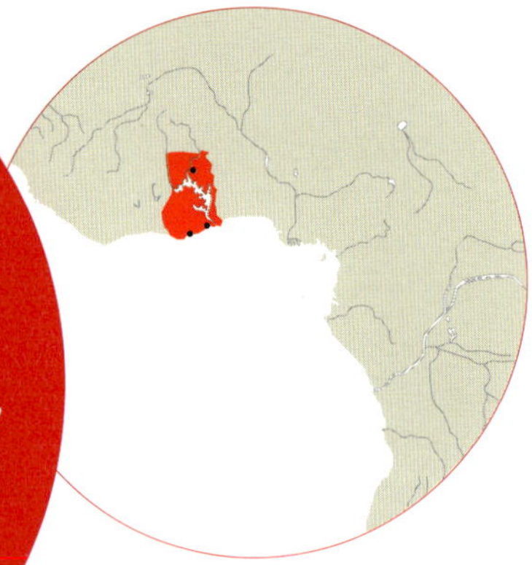

Ghana

J'irai dormir chez vous

Pour ce trente-deuxième épisode de la série, j'ai décidé d'aller en Afrique noire. Afin de sortir des clichés, j'ai envie de parcourir un pays riche et sans problème : je pense d'abord aller en Namibie, mais finalement je m'envole pour le Ghana, un pays sans histoire, qui a l'avantage d'être beaucoup moins loin. En atterrissant, je découvre que le Ghana n'est pas exactement ce à quoi je m'attendais. Le pays n'est pas particulièrement riche et il se dégage un sentiment d'isolement qui me rappelle ce que j'avais ressenti au Belize. Comme si le Ghana était un peu en dehors des routes, un peu oublié. C'est peut-être ce qui donne à cet épisode un petit parfum particulier.

Je passe la nuit à Accra, la capitale, et dès le lendemain, je retourne à l'aéroport : je veux rejoindre Tamale, tout au nord. Malheureusement, je n'ai pas de réservation et l'avion est complet. Les hôtesses sont sympas et me conseillent d'aller faire un tour à Cape Coast, une ville plus touristique, sur la côte. L'une d'elles me dépose même à la gare routière pour que j'attrape un minibus.

À Cape Coast, le soleil cogne vraiment. C'est d'autant plus fatigant que je ne veux pas aller dans l'hôtel à touristes : je m'installe dans une chambre modeste, sans fenêtre, avec un vague ventilo. Je dors mal, ruisselant toute la nuit : ça me rappelle mon premier voyage en Amazonie, il y a une trentaine d'années.

Le tournage démarre bien. Je filme plusieurs bonnes séquences à Cape Coast, la meilleure étant sans doute la rencontre de **Fynn** et de son école d'acteurs.

Fynn était professeur d'informatique mais il a préféré se consacrer à la formation de jeunes comédiens. Il rêve de grands films, de messages pour les générations futures. Ses acteurs et lui sont très contents qu'un professionnel étranger filme leur travail. Ils s'emballent déjà, mais je clarifie les choses : je ne peux pas leur obtenir de contrats sur les chaînes françaises. En revanche, s'ils me donnent un DVD de leur travail, je promets de le montrer à des professionnels à mon retour. Fynn m'invite à passer la nuit dans sa grande famille.

La deuxième étape du film se déroule à Accra. J'ai préféré la mettre au milieu de l'épisode, car elle ne commence pas très bien : sur le marché, les gens n'aiment pas les caméras. J'ai eu quelques soucis à Cape Coast, mais là c'est vraiment tendu. Non seulement la plupart des gens ne veulent pas être filmés, mais ils viennent m'embêter quand je ne pointe pas ma caméra dans leur direction. Il me faut beaucoup de diplomatie pour calmer les enquiquineurs.

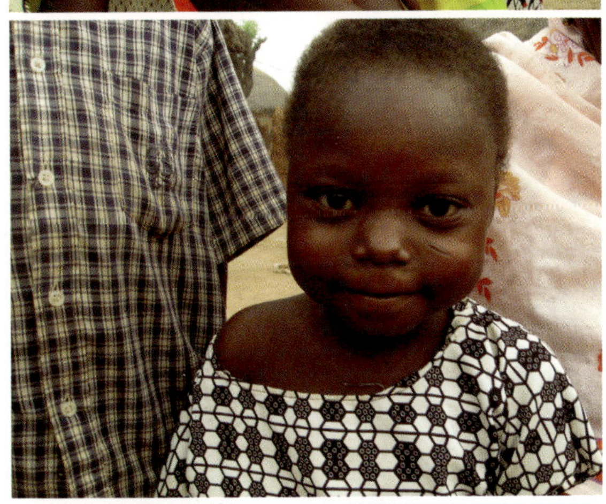

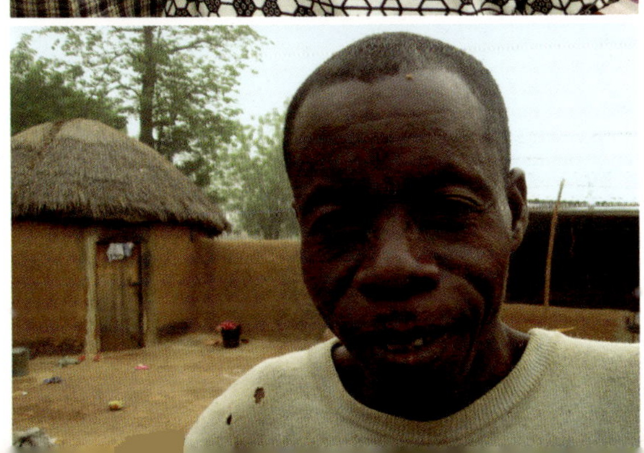

Quelque temps plus tard, je rencontre Robert, professeur de mathématiques, qui m'invite à boire un verre. Je lui raconte mes déboires et il m'explique que cette méfiance vient du fait que les Blancs filment toujours les endroits les plus moches : ça donne une mauvaise image du pays.
En tout cas, moi, je constate que je croise peu de Blancs au Ghana. Infiniment moins qu'au Sénégal, par exemple. Et ils ne se risquent pas dans le centre-ville : en quatre jours, je n'en verrai que deux ou trois.
Dernière étape: Tamale. Je retourne à l'aéroport. J'ai réservé ma place, mais je n'ai pas payé le vol. Et là, je découvre que la compagnie aérienne n'accepte pas les cartes de crédit! L'unique distributeur de l'aéroport est en panne: je dois donner tout mon argent liquide. Je n'ai plus un sou sur moi mais tant pis, je pars quand même.
À Tamale, j'apprends que le distributeur est en ville, mais je n'ai même pas de quoi me payer un taxi. La situation se complique... Heureusement, les hôtesses m'ont donné le nom d'un de leurs collègues, qui accepte de m'emmener en ville. Le distributeur fonctionne, je suis sauvé.
Je cherche maintenant un hôtel. Il y en a un juste à côté. D'habitude, je n'hésite pas à aller dans les hôtels pourris, mais celui-là, je ne le sens vraiment pas. Qu'il soit sale et délabré ne me dérange pas, mais les gens que j'y croise m'inquiètent. Certains sont à la dérive, d'autres visiblement drogués. Les Blancs qui osent passer la porte doivent être rares, et je sens tous les regards posés sur moi.
Depuis le temps que je voyage, on ne m'a jamais rien volé dans ma chambre. Et j'ai tendance à aller dans des hôtels de plus en plus *cheap*. Mais là, l'atmosphère est trop glauque. Je risque vraiment de me faire voler ou attaquer. Il ne faudrait pas pécher par excès de confiance. La sagesse est de battre en retraite.
Je finis par trouver un hôtel correct mais loin du centre-ville: il faut que je trouve un petit scooter pour me balader dans les environs. Et la chance me sourit. Juste devant l'hôtel je tombe sur Gifty, une jeune femme qui essaie de faire démarrer sa moto. Je lui explique qu'il m'en faudrait une. Elle me répond qu'on n'en trouve pas à louer. Et comme j'ai l'air ennuyé, elle me propose spontanément de me prêter la sienne. Je n'en reviens pas!
Lorsque je lui demanderai son adresse, pour lui envoyer le DVD de l'épisode, j'apprendrai qu'elle fait partie de l'Église de Pentecôte, ce qui peut expliquer son étonnante générosité. Elle refusera d'ailleurs toute forme de cadeau.
Je prends la route pour les villages des environs. J'ai peur d'avoir les mêmes problèmes avec mes caméras qu'à Accra et je me dis que le plus simple est d'être direct: je vais demander officiellement à être hébergé dans un village. L'idée me plaît, dans la mesure où je ne l'ai jamais fait.
Ma requête est inhabituelle, les villageois sont pris de court. Ils ne s'occupent pas de mes caméras et me disent que je dois m'adresser au chef. L'un d'eux monte sur la moto et me guide à travers le village.
Et là, ça va devenir très intéressant. Je dois respecter le protocole : on ne se pointe pas comme ça devant le chef, il faut demander une audience. Je commence par rencontrer le «*chairman*», puis le «*town chairman*». Je ne sais pas exactement quelle est leur position dans l'organigramme, mais on palabre. Au bout d'un moment, un jeune arrive en courant pour annoncer que le chef m'accorde une audience.

J'irai dormir
chez vous
Ghana

J'irai dormir
chez vous
Ghana

J'irai dormir
chez vous
Ghana

Nous pouvons y aller.
Devant sa case, je me déchausse et j'entre dans la pénombre, en espérant que les images seront utilisables. Tous les notables du village sont assis par terre, sur deux rangées, tournés vers moi. C'est solennel ! Je m'installe en face du chef. Un jeune homme traduit ma requête.
La séquence est très intéressante. C'est la première fois que je filme ce genre de scène pour la série, et ça me plaît beaucoup. À la fin, le chef me donne l'autorisation de passer la nuit dans le village. Il ne me demande rien en échange. Je suis désormais libre d'aller et venir, et les habitants m'accueillent comme un invité. C'est royal !
J'aime voir la tradition et la modernité se côtoyer. La soirée commence calmement, dans la quiétude de la fin du jour. Le muezzin appelle à la prière, sans haut-parleur ; les bergers et leurs troupeaux rentrent d'une journée passée dans la savane.
Mais lorsque la nuit tombe, l'ambiance change radicalement. Une bonne partie du village est regroupée devant un poste de télévision posé en plein air. Au programme ce soir : le match de foot Arsenal contre West Ham !
C'est Fuseini, le frère du chairman, qui m'héberge pour la nuit. Il est instituteur à l'école du village. Il m'explique qu'il a du mal à convaincre certains parents d'envoyer leurs enfants à l'école: ils préfèrent souvent les garder avec eux pour qu'ils les aident aux champs.
Le lendemain, au moment de partir, je me demande comment remercier les habitants du village. Le mieux est de donner un coup de pouce à l'école. Je fais un aller et retour en moto à la ville et j'achète deux cent cinquante stylos Bic pour les élèves. Personne ne s'y attendait, le cadeau est très apprécié. Il ne me reste plus qu'à reprendre la route pour rendre sa moto à Gifty. En passant par la station-service, évidemment...

Le Ghana en quelques chiffres

Température moyenne à Cape Coast en janvier : 27 °C
Population blanche au Ghana : 20 000 habitants
(environ 0,01 % de la population)
Nombre d'hôtels à Tamale : 6
Nombre d'églises de Pentecôte au Ghana : 99
Score du match Arsenal-West Ham United
du 19 mars 2010 : 3-0

Au lit !

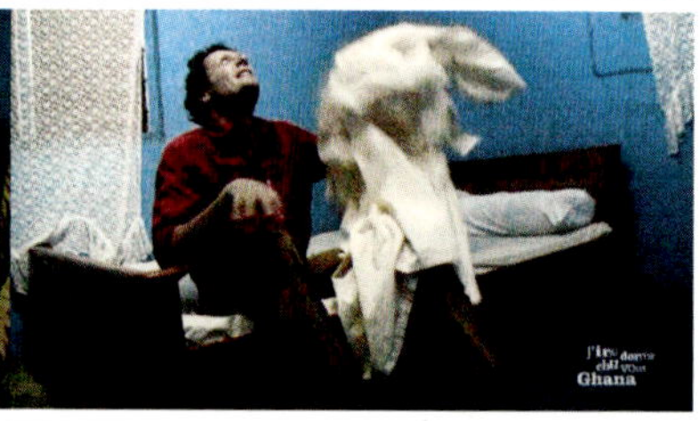

J'irai dormir chez vous
Ghana
FanMilk

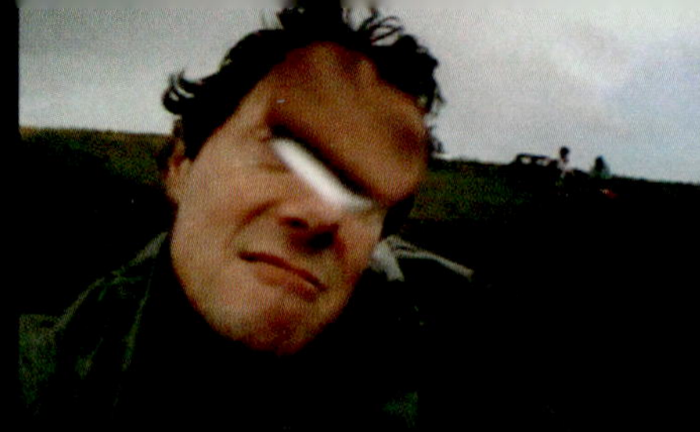

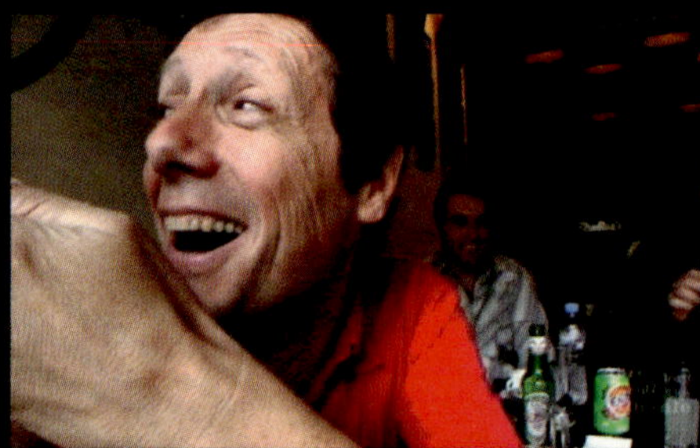
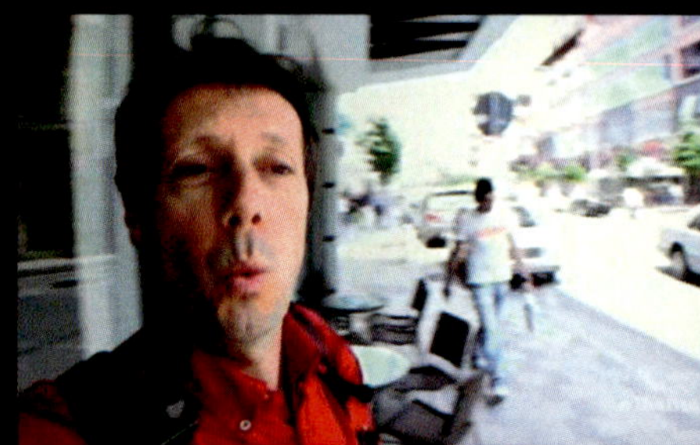

Taquin, coquin…

Corée du Sud

Ghana

Ghana

Indonésie

Indonésie

Indonésie

Pourquoi ça démarre difficilement à Gyeongju. **Pourquoi** Charlie, à Séoul, a le cœur sur la main. **Pourquoi**, dans la campagne coréenne, je prends la biture la plus incroyable de ma vie.

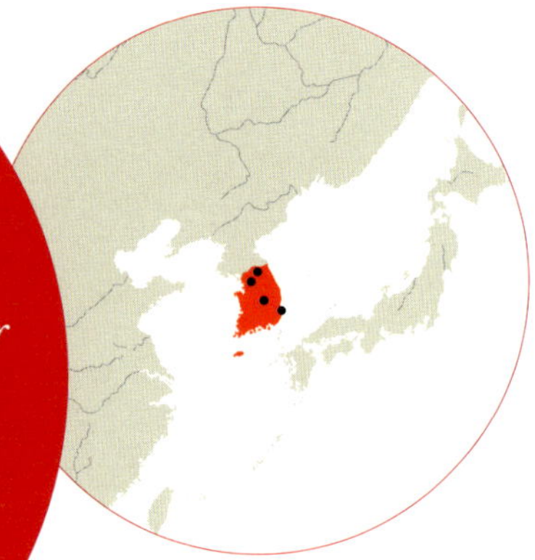

Corée du Sud

J'irai dormir chez vous

Pour ce trente-troisième épisode je choisis la Corée du Sud… tout simplement parce que je n'y suis jamais allé. Comme toujours, je n'ai rien préparé et c'est seulement dans l'avion que je regarde la carte du pays. Je me dis qu'il serait bien de commencer par Gyeongju, une ancienne capitale impériale. À peine débarqué à Séoul, je reprends un billet pour Busan. De là, un bus m'emmène à Gyeongju. Il y a des embouteillages, et cela m'amuse de voir presque tous les automobilistes regarder la télévision dans leur voiture. La Corée est un pays moderne. En revanche, notre chauffeur de bus n'est pas très doué : en voulant éviter les bouchons, il se perd dans la banlieue. Il demande sa route, se retrouve sur un chemin de terre et finit par faire demi-tour dans une cour de ferme. Surprenant, pour une ligne régulière! En tout cas, personne ne se plaint.

En arrivant, je suis rincé après ce long voyage. Je m'écroule dans un hôtel. Le lendemain, je commence à parcourir Gyeongju : c'est propre et agréable, les gens sont gentils et souriants, mais personne ne parle anglais et je n'avance pas beaucoup.

Dans un bar, je rencontre deux types qui m'invitent spontanément à leur table. On n'arrive pas à échanger trois mots mais je finis par comprendre qu'ils sont frères, commerçants tous les deux, et on rigole bien. Malheureusement, ils doivent retourner travailler et ne souhaitent pas que je les accompagne.

Du coup, de Séoul, je reprends l'avion, puis un bus… qui trouve le moyen de se perdre ! *À un moment donné, il a carrément fait demi-tour dans une cour de ferme. Et personne ne lui a rien dit !*

Mon équipement bizarre attire souvent les curieux, les gens ouverts d'esprit. C'est le cas de **Kim**, qui sort d'un coffee-shop lorsqu'elle me voit passer. C'est une jeune femme un peu à part, qui porte un regard plutôt pessimiste sur la vie. Elle est professeur de littérature et a vécu quelque temps à Lyon; elle connaît nombre d'auteurs français. Elle en sait même beaucoup plus que moi. Je suis tellement ignare que je suis tout content de lui souffler George Sand, lorsqu'elle cherche le nom de l'amoureuse de Chopin. J'en suis même surpris. C'est un peu comme au Trivial Pursuit, quand on trouve la réponse à une question alors qu'on était persuadé de ne pas la connaître.

Quand je demande à Kim de m'héberger, elle se tord de rire. Les traditions coréennes ne permettent absolument pas ce genre de choses. Pourtant, je sens qu'elle m'aurait bien ouvert sa porte…

Deuxième étape : Séoul ! Belle rencontre avec **Charlie**, un Coréen qui a vécu trente ans aux États-Unis et en a été expulsé pour des problèmes de drogue. Enfin quelqu'un avec qui je peux vraiment parler. Il connaît bien la mentalité occidentale et le courant passe tout de suite entre nous. Il est désormais sorti de la drogue et survit tant bien que mal en ramassant des cannettes vides dans les rues.

사거리정식
물냉면
비빔냉면
잔치국수
비빔국수
거리식당
막걸리 743-4914, 743-8986
NATURE REPUBLIC
Corée du Sud

Il accepte de me recevoir chez lui, dans une petite chambre en sous-sol, sombre et humide. Il n'a pas l'électricité et s'éclaire à la bougie. On y voit mal, mais j'arrive à discerner le bazar qui m'entoure. Il fait sécher son linge en travers de la pièce. Il trouve le moyen de m'offrir un café.

C'est la religion qui l'aide à s'en sortir. Dieu d'un côté et de l'autre les Évangélistes, chez qui il peut prendre un repas chaud et laver son linge. J'aime bien Charlie parce qu'il émane de lui une sorte de fatalisme étonnamment positif et enthousiaste. Il ne possède pas grand-chose, mais je sais que si je m'étais retrouvé coincé, il m'aurait ouvert sa porte. Le lendemain de notre rencontre, je retourne le voir pour lui donner un peu d'argent. Il accepte volontiers et me dit aussitôt : «Je ne travaille pas aujourd'hui!» Charlie vit au jour le jour...

Cet épisode se termine sur une étape que j'ai tournée avant d'aller à Séoul : je l'ai placée à la fin tout simplement parce qu'elle est ÉNORME! Il se passe parfois dans la réalité des choses que l'on n'oserait pas écrire pour une fiction...

Je repère une sorte de petit bar dans un hameau. J'entre, comme ça, pour voir. Cinq ou six vieux sont assis là et m'offrent immédiatement un verre d'alcool de riz. Je regarde la bouteille: 19,6°. Ça n'a pas l'air trop fort.

Ils mangent une drôle de plante avec une sauce pimentée. Je demande par gestes si je peux goûter. Impossible de se parler, mais ils sont clairs: il ne faut surtout pas que j'en mange, ils me font signe que ça va me gratter. Si ça ne les gratte pas, eux, je ne vois pas pourquoi ça me gratterait, moi... Après un instant d'hésitation, je me lance. D'un point de vue gastronomique ce n'est pas très intéressant, mais l'ambiance s'échauffe. J'alterne végétaux et alcool de riz, ce qui les fait beaucoup rire.

Je me réveille vers vingt-trois heures dans la voiture, bien emmitouflé dans mon sac de couchage. Tout le village est éteint et j'ai dormi six heures!

Mon premier réflexe est de saisir ma caméra de poing et de me filmer en expliquant la situation, pour avoir une fin à ma séquence. Ensuite, je rentre à l'hôtel. Sur la route, j'essaie de me souvenir de ce qui s'est passé, mais rien : black-out total.

En arrivant dans ma chambre, je jette un coup d'œil à la fin des cassettes, histoire de savoir comment j'ai fini. Et je découvre avec stupéfaction que j'ai changé les cassettes. Je n'en ai aucun souvenir. J'ai donc les images de l'intégralité de ce que j'ai vécu avant de m'écrouler dans ma voiture!

À mesure que j'avance dans les images, quelques flashes me reviennent, mais j'ai pratiquement tout oublié. Certains moments sont hilarants et je rigole franchement au milieu de la nuit, dans le silence de ma chambre d'hôtel. Je suis convaincu que cette herbe a contribué à me mettre dans cet état. D'abord parce que d'après ce que je vois dans les images, j'ai bu l'équivalent d'une bouteille de vin : de quoi être bourré, certes, mais pas au point de perdre tout souvenir. Ensuite, je constate que malgré mon état, je n'ai pas de perte d'équilibre. Pour terminer, je me suis réveillé comme au sortir d'une anesthésie: sans gueule de bois ni mal au crâne, et bizarrement très en forme.

Je suis retourné au bar pour savoir quelle était cette plante, mais il était fermé. De retour en France, j'ai posé la question dans des restaurants coréens, mais personne n'a pu me renseigner. Un jour, peut-être, un spectateur m'écrira pour me donner la réponse.

Je suis content de cette séquence. Parce que j'ai pu voir que j'ai été raisonnable, malgré mon état : je ne cessais de répéter que je ne prendrais pas le volant, et je m'y suis tenu. Également parce que j'ai réussi à filmer correctement jusqu'à la fin.

Avant ce voyage, j'étais un présentateur de télé avec une chemise pas repassée. À présent, je suis celui qui a terminé une émission complètement bourré. J'en ris aujourd'hui, mais la prochaine fois je me méfierai: ce cocktail aurait pu être beaucoup plus dangereux... C'est d'ailleurs le message que l'on peut lire à la fin de l'épisode.

Les mecs me disent : «non, non, il ne faut pas...» *mais moi j'y goûte et, total, je me réveille dans ma voiture, six heures après, et dans mon sac de couchage qui plus est, mais sans avoir la moindre idée de ce qui m'est arrivé !*

La Corée du Sud en quelques chiffres

Dates de la dynastie de Silla, sous laquelle Gyeongju est capitale impériale : de -57 à 935 de notre ère

Consommation moyenne de soju (alcool de riz à 20 ° environ) par adulte : 29,3 l/an en 2011

Budget moyen pour la téléphonie mobile par personne : 87 € / mois en 2011

Au lit !

Corée du Sud

Corée du Sud

Corée du Sud

Corée du Sud

Pourquoi je ne suis pas au top de ma forme quand j'arrive en Albanie. **Pourquoi** j'aime les couleurs de Tirana. **Pourquoi**, autour de Shkodra, la voiture n'est pas l'idéal pour circuler. **Pourquoi** on n'aime pas mes caméras sur la promenade du bord de mer à Vlora.

Albanie

J'irai dormir chez vous

Le tournage en Albanie n'a pas été facile mais je pense que ce n'est pas dû au pays. En fait, je manque d'énergie. C'est mon dernier tournage avant l'été, et je suis dans une période de travail intense, aux limites du raisonnable. Entre le 25 janvier et le 3 juillet, soit en cinq mois et demi, j'aurai :
- tourné et monté quatre épisodes de *J'irai dormir chez vous* (Hawaii, Ghana, Corée du Sud et Albanie);
- monté huit épisodes de vingt-six minutes à partir des images non utilisées de *J'irai dormir à Hollywood*;
- monté le *making of* du film *Elle s'appelait Sarah* ;
- tourné et monté quinze sujets de quatre minutes pendant les jeux Olympiques de Vancouver;
- effectué un voyage de presse aux États-Unis.
Bref, quand je débarque en Albanie, je suis crevé. D'autant plus que trois jours plus tôt, j'étais en Corée. Et ce ne sont pas les deux jours passés à Paris qui m'ont permis de récupérer.
Quand j'arrive à Tirana, la capitale, le temps est très agréable. Malheureusement, je ne peux pas commencer le tournage parce que mon sac n'a pas suivi : il n'arrivera que le lendemain soir. Je me console en me disant que c'est un coup des dieux pour que je dorme et que je me refasse une santé.
Je n'ai plus qu'à trouver un hôtel. À ce propos, la plupart sont équipés du wi-fi aujourd'hui. L'Internet et le smartphone ont beaucoup changé ma perception du voyage. Désormais, lorsque je suis à l'hôtel, je reste en contact avec la France : je regarde le journal de France 24, je lis les journaux français, je discute avec les copains sur Skype. C'est très agréable, mais ça empêche aussi de s'immerger totalement dans le pays.
C'est tellement différent de mon premier grand voyage... C'était en 1983. J'étais parti quatre mois au Pérou et en Bolivie. Durant tout le séjour, je n'ai appelé qu'une fois en France et j'ai envoyé quelques cartes postales. Mes parents savaient que l'on faisait un raid en Amazonie et ils étaient assez inquiets. Ils avaient eu la surprise d'apprendre par la boulangère que tout allait bien pour moi. En effet, lorsqu'on était retourné à la civilisation, dans la petite ville de Pucallpa, j'avais envoyé une carte postale pour dire que le bon pain français manquait cruellement au Pérou. Je n'avais même pas pensé à donner des nouvelles à mes parents! Quel idiot!
Mais je m'égare, revenons à l'Albanie.
J'attaque le tournage le lendemain. Je constate que mon équipement intrigue plus ici que dans d'autres pays. Est-ce dû au fait que la dictature a coupé les Albanais du reste du monde pendant des décennies? Ils semblent en tout cas plus à l'affût de ce qu'ils ne connaissent pas.

Des Français qui étaient allés en Albanie *m'avaient dit que l'on empêchait encore les enfants de sortir, dans certains endroits, à cause des vendettas et de peur qu'ils ne se fassent tuer.*

Je rencontre **Admir** à la terrasse d'un restaurant : il s'apprête à passer à table avec des amis. Je l'apostrophe et il m'invite spontanément à les rejoindre. Plus tard, lorsque nous irons chercher sa fille à la crèche, il m'expliquera que le maire de la ville était peintre. C'est lui qui a encouragé les bâtiments multicolores, et il n'est pas rare de trouver un immeuble jaune vif, vermillon et orange, ou bleu turquoise, mauve et vert pomme. Il fallait oser, mais c'est tellement plus gai ! Personnellement, j'adore ! Moi, j'habite à Saint-Ouen, tout près de Paris. Hormis quelques beaux immeubles, l'architecture est sans intérêt particulier. Si un jour je deviens conseiller municipal, j'inciterai les gens à ravaler les immeubles avec des couleurs très vives : l'immeuble le plus moche du monde sera toujours beau avec des couleurs lumineuses.

Admir me présente à son cousin. Il adore la chanson française et me chante du Joe Dassin en s'accompagnant à la guitare. Il écorche les paroles parce qu'il ne comprend pas le français. Puis il recherche sur l'Internet une chanson de Mireille Mathieu. Il a presque les larmes aux yeux en l'écoutant, il est très touchant. Pour comprendre ça, il faut savoir que sous la dictature, chanter des chansons étrangères était passible de prison. Je lui enverrai par la suite un CD de Joe Dassin.

Je fais également une virée dans une boîte de nuit. J'ai rencontré les patrons dans un café, au cours de la journée, et ils m'ont invité à passer boire un verre. L'ambiance est un peu glauque, certains ont des têtes à faire peur, mais je suis très bien accueilli et ils me laissent filmer. Je n'ai qu'un regret : ce soir-là, les danseuses érotiques ne sont pas là. Normalement, les hommes leur glissent des billets dans le soutien-gorge. J'aurais bien aimé filmer ça.

Pour ma deuxième étape, je vais à Vlora, plus au sud, au bord de l'Adriatique. C'est une station balnéaire en construction. Il y a beaucoup d'immeubles tout neufs et très colorés, mais, curieusement, c'est désert. Sauf le soir, pour le fameux *«giro»*. C'est le moment où les Albanais se promènent traditionnellement le long de la mer. D'un seul coup, c'est bondé. Ils ne font rien de spécial, ils discutent en marchant, se croisent et rentrent chez eux. Je rencontre des jeunes qui regardent les jolies filles. Je découvre que les traditions sont encore fortes : les garçons ne s'approchent pas aisément de la gente féminine.

Je sens par moments que mes caméras dérangent ; je me fais même chasser une fois ou deux. Il semble qu'il y ait quelques commerces illicites, voire quelques trafics, et certains n'ont pas envie que l'on s'intéresse à eux.

La séquence que je retiens à Vlora est celle d'un mariage. Je croise par hasard les occupants de la maison où va se dérouler la fête. Ils sont d'accord pour que je revienne un peu plus tard festoyer avec eux. Je me fais beau – en fait, je cire mes chaussures, puisque je n'ai même pas de quoi me changer. Puis j'achète un cadeau pour les époux et je me pointe tout content. Pas de chance : entre-temps, le frère du marié est arrivé, et il me ferme la porte au nez. Blues.

Je termine mon voyage à Shkodra, au nord du pays. Il paraît que les vendettas ont encore cours ici. On parle même du Kanun, une sorte de code d'honneur. Après un assassinat, il a longtemps été admis que la famille de la victime pouvait laver son honneur dans le sang. À l'origine, seul le criminel pouvait être tué, mais aujourd'hui, ce sont tous les hommes de la famille du meurtrier qui sont menacés. Même les enfants ! Il y aurait des familles vivant cloîtrées, de peur de se faire massacrer.

Le sujet me semble intéressant : est-ce une rumeur, est-ce vrai ? Je ne fais pas d'enquête, mais j'ai envie de voir si les gens m'en parlent. Cela doit être plus évident dans les endroits reculés. Mon idée est donc d'aller dans les montagnes.

Il faut que je trouve un moyen de transport. La région n'est pas touristique et il ne semble pas y avoir de location de voitures. Je finis pourtant par en dégotter une. Le problème, c'est qu'elle est neuve : seulement cent kilomètres au compteur ! C'est très ennuyeux, ça : dès que je serai dans la montagne, il n'y aura que des pistes, et le moindre choc se verra tout de suite sur cette voiture impeccable.

Je prends tout de même la route. J'avance au pas, pour éviter de toucher les pierres. C'est plutôt crispant. Je prends

ROMA
MIREL MATH
MIREILLE MATHIEU
PUMA

en stop un jeune homme, **Kujtim**. Il connaît quelques mots d'anglais et m'invite à boire un café chez lui. J'ai mis deux heures pour faire dix kilomètres. J'abandonne l'idée d'aller dans le village de Prekal, que j'avais repéré sur la carte : à la vitesse à laquelle je roule, je n'y serais pas arrivé avant le lendemain soir. Et la piste est peut-être encore plus défoncée plus loin.

Kujtim m'explique péniblement qu'il voudrait venir en France et devenir journaliste. Je ne sais pas comment lui expliquer qu'il n'a aucune chance de voir son rêve se réaliser. Il a une trentaine d'années, trois enfants, et ne parle pas français : comment pourrait-il réussir dans un métier où bon nombre de diplômés n'arrivent pas à percer ?

Je passe la soirée et la nuit dans sa famille, au bord d'un torrent. Ils me font un repas de fête et je dors dans la même pièce que le grand-père, qui ronfle d'une manière vraiment étonnante : il n'est pas très bruyant, mais on dirait une sorte de chaudière en ébullition, avec des clapets qui s'ouvrent et se ferment. Très original !

Le lendemain, Kujtim refuse absolument que je lui donne quoi que ce soit. Je suis pourtant sûr que le repas de la veille a coûté cher. Je finis par le convaincre en lui disant que ce n'est pas pour lui, mais pour faire des cadeaux à ses enfants.

Quant à la vendetta albanaise, on n'a pas pu aborder le sujet. De retour en France, je regarde sur l'Internet. On en parle, effectivement, et il semble même que ce fléau ait fait un retour inattendu depuis la chute du communisme, en 1992. Le parlement et le code pénal albanais ont renforcé les dispositifs relatifs à la lutte contre la vendetta...

Mais moi, sur place, je n'ai rien vu.

L'Albanie en quelques chiffres

Date de la fin de la dictature : 1990

Date de la « thérapie par la couleur » instituée à Tirana par le maire artiste peintre Edi Rama : 2001

Nombre d'hôtels de Tirana équipés du wi-fi : 10 (sur 25 recensés sur internet)

Heure du *« giro »* à Vlora : entre 19 h 30 et 21 h 30 tous les soirs

Seul

Ce que cela veut dire pour moi

Sur J'irai dormir chez vous, *la solitude est un choix. Pourtant, je ne suis pas quelqu'un de solitaire dans la vie. J'ai même toujours beaucoup de monde autour de moi, j'aime organiser des dîners, des fêtes. Mais pour aller plus facilement chez les gens et ne pas inquiéter, il faut être seul.*

Curieusement, je ne me sens pas tout à fait seul, puisque j'ai mes caméras. La plus importante, pour moi, est celle qui est située au bout de la tige et qui me filme ! Elle me tient compagnie, je me confie souvent à elle, c'est-à-dire à vous.

Et c'est ça, d'ailleurs, qui donne le ton de l'émission. Disons que cette petite caméra, c'est à la fois une copine et un témoin objectif de mon voyage, alors que mes choix, eux, sont subjectifs. Du coup, je ne souffre pas de la solitude.

Pourquoi, dès le premier jour de tournage, j'ai ma séquence de fin à Dalanzadgad. **Pourquoi** faire de l'auto-stop est difficile en Mongolie. **Pourquoi**, dans ce dernier épisode, je me lâche un peu au moment de me coucher. **Pourquoi** j'ai battu mon record.

Mongolie

J'irai dormir chez vous

Je m'envole pour la Mongolie fin août 2010. C'est le dernier épisode de *J'irai dormir chez vous* qui soit signé. Rien n'est décidé, mais il n'est pas impossible que ce soit la fin de la série. Pour ce dernier tournage, j'ai envie de faire un tour dans les steppes d'Asie centrale, que je ne connais pas.

Je file directement au sud, à Dalanzadgad, tout près du désert de Gobi. Pour une fois, tout va aller très vite. Dès le lendemain de mon arrivée, je rencontre **Moko**. Il possède une boutique originale puisqu'il vend à la fois de la quincaillerie et des cosmétiques. Il y a deux entrées séparées, mais c'est le même magasin.

Apparemment, ses affaires marchent bien. Si on raisonne en Européen, Moko est une caricature de nouveau riche, mais on peut voir les choses autrement : c'est un mec qui a réussi et qui en est sincèrement fier. Il est tellement content qu'on ne peut pas vraiment lui en vouloir.

Il me fait immédiatement monter dans son 4x4 flambant neuf et m'emmène faire un tour dans les environs. De retour dans son magasin, il m'entraîne à l'étage pour me faire visiter son appartement. Il est ravi de m'accueillir et m'offre joyeusement du lait de jument fermenté. Disons les choses franchement : le goût est abominable ! Puis il me sert des fruits au sirop. Il renverse toute la boîte dans un bol et en met partout. Il me fait rire, il est tellement jovial !

Je lui demande par gestes si je peux dormir chez lui. Toujours hilare, il m'indique une chambre. C'est seulement en fin de soirée, lorsque je le verrai s'installer sur le tapis pour la nuit, que je comprendrai qu'il m'a donné son lit.

Tietské, sa femme, nous rejoint. Ils comptent la recette de la journée et brandissent fièrement les liasses de billets. Je suis écroulé de rire. Aucun Français n'oserait se comporter de la sorte. Toujours aussi excité, il m'exhorte à finir ma bière en me menaçant de me resservir du lait de jument. Il a bien vu que je n'ai pas du tout aimé ça.

Au moment de me coucher, je me filme comme d'habitude. J'ai placé ma caméra sur son minitrépied et je cherche à me renouveler. Cela fait maintenant sept ans que je filme ce moment, et ça devient difficile. Je me rappelle alors avoir fait un joli bond pour me glisser dans mon lit à la fin de l'épisode « Chine ». J'avais regretté de ne pas l'avoir fait à poil. C'est l'occasion.

Il me faudra plusieurs prises pour que l'on voie que je suis vraiment tout nu, mais pas trop, pour que la scène ne soit pas censurée !

Quoi qu'il en soit, j'ai dormi chez l'habitant dès le premier soir. Je suis nettement plus détendu pour la suite du tournage. Mais c'est allé si vite qu'il me manque quelques séquences pour montrer la ville de Dalanzadgad.

Je retourne me promener dans les rues. Comme dans la plupart des pays, le modernisme arrive ici : ça se traduit par l'ouverture d'un centre commercial. En passant devant, j'aperçois un attroupement. C'est le tirage d'une tombola. Le gros lot : un téléphone portable.

MT

J'apprends qu'on inaugure un cybercafé dans le centre commercial. C'est peut-être parce que je suis le seul étranger, mais un homme m'invite à le suivre dans le magasin. Il y a des petits fours et du champagne – enfin, c'est l'idée : en fait, ce sont des toasts au saindoux et un vin mousseux chinois.

On me présente au gouverneur de la province. Malheureusement, ça ne débouche sur rien. Une petite heure après le pot, ils repartent tous en voiture. Je ne garderai pas la séquence dans le film.

Il me semble qu'être en Mongolie et ne pas dormir dans une yourte serait un échec. La petite ville de Dalanzadgad est entourée de nomades qui se sédentarisent progressivement. Il y a de longues allées entre des parcelles délimitées par des palissades. Chacune abrite une famille avec une ou plusieurs yourtes. Je traîne dans les parages, j'échange quelques mots avec les uns ou les autres, mais je n'arrive pas à me faire accepter. Les gens ne comprennent pas ce que je veux et se méfient de moi.

Je pense qu'il serait plus intéressant d'aller dans un village des environs. Je me dis que ça sera la prochaine étape de mon voyage. La Mongolie est un pays immense où on ne rencontre pas grand monde : partir au hasard ne serait pas raisonnable. De toute façon, je n'ai pas réussi à trouver de moto. Le seul moyen de m'éloigner de la ville est de prendre un bus. Pas simple, je n'arrive pas à me faire comprendre.

Je retourne au cybercafé et je regarde sur Google Map à quelle distance se trouvent les agglomérations les plus proches. Je repère le village de Khan Khongor, au nord de Dalanzadgad : il n'est qu'à une vingtaine de kilomètres. Je vais essayer d'y aller en stop. Lesté d'un petit sac avec le strict nécessaire, je prends la route. Comme elle se termine dans le village et qu'il n'y a aucune bifurcation avant d'y arriver, je ne risque pas de me perdre.

Je sors de la ville à pied. Si ça ne marche pas, je pourrai toujours repartir dans l'autre sens. Je pose mon sac et j'attends qu'une voiture passe. Le problème, c'est qu'il n'y en a pas... Ce n'est qu'en fin de journée que quelqu'un m'emmène... et me dépose à mi-chemin. Le moins qu'on puisse dire, c'est que ça ne m'arrange pas. Heureusement, une heure plus tard, un conducteur de pick-up m'emmène jusqu'à Khan Khongor. Il me demande de l'argent mais je n'ai pas le choix.

Et là, j'arrive au bout du monde. Deux bâtiments officiels, quelques baraques en bois et des yourtes autour. Ça me rappelle les coins perdus de Sibérie où j'ai tourné il y a une quinzaine d'années. Moi qui voulais du dépaysement... j'en ai trouvé !

Je me promène dans les environs. Ce n'est vraiment pas gai. Des enfants sortent d'une yourte et viennent à ma rencontre. Je ne les sens pas du tout. Ils ont le regard vaseux, comme s'ils étaient drogués. Je me méfie. Un adulte arrive, il n'a pas l'air plus clair. Ils m'encerclent et ricanent, je sens qu'on me bouscule. Je bats calmement en retraite. Plus tard je m'apercevrai que j'ai bien fait de partir : ils avaient ouvert mon sac.

Heureusement, j'ai plus de chance un peu plus loin, lorsque je rencontre **Oyun**. Il m'invite spontanément à entrer dans sa yourte. L'intérieur est nickel. Il y a quelques meubles en bois et – je ne m'y attendais pas – un énorme réfrigérateur et un grand poste de télévision. Sarankhuu, sa femme, m'offre des beignets aux intestins de mouton ; un peu déroutant, mais pas mauvais... Oyun me demande par gestes si j'ai une voiture ; je lui fais comprendre que je suis venu à pied. La nuit va bientôt tomber, et je vois dans son regard qu'il va me garder. C'est l'hospitalité des steppes. Le soir, tout le monde regarde la télévision en silence. Moi, je me glisse dans mon sac de couchage.

Le lendemain, à l'aube, je prends le minibus qui retourne à Dalanzadgad. J'ai avancé extrêmement vite : en seulement quatre jours, j'ai tourné les deux tiers du film.

Je reprends un avion pour Oulan-Bator. Je me balade dans les rues, au hasard, comme d'habitude. Peu de gens parlent anglais. Une porte métallique attire mon attention. Je trouve un couloir qui mène à un bureau sans fenêtre. C'est une agence de coaching d'entreprise où je rencontre **Norov**, qui parle anglais. C'est la fin de la journée et nous partons retrouver Oyuna, sa femme.

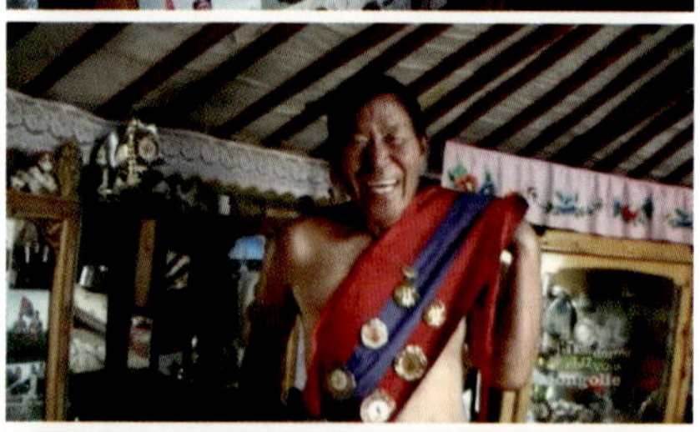

L'autre scène rigolote, un peu provoc' de ce 35e épisode, c'est lorsque je me filme à poil, en train de me coucher. On me voit sauter dans le lit, un, deux, trois… **C'est un peu barré, mais rigolo.**

Ils voudraient m'inviter au restaurant, mais moi je veux aller dans leur maison. J'ai soudain une idée amusante : je vais les inviter chez eux ! La proposition les déroute au début, puis ils se laissent tenter. Nous voilà faisant les courses dans un grand centre commercial. Je concocte un menu simple et bien français : salade verte, viande de bœuf et pommes de terre sarladaises, le tout accompagné d'une bouteille de vin rouge. Je m'amuse quand Norov bloque sur la viande saignante. Ici, on ne la mange que bien cuite. Au final, il trouvera ça savoureux.

Finalement, je vais raccourcir mon voyage. J'ai tourné l'épisode « Mongolie » en sept jours. C'est mon record. Je l'ai revu récemment, et j'en suis très content. C'est le trente-cinquième voyage, sept ans après mon premier tournage au Mali. J'avais peur d'entrer dans une routine, mais je trouve que la série a gardé une vraie fraîcheur. Malgré tout, je vais faire une pause. Essentiellement parce que je ne veux pas m'enfermer dans l'image de *J'irai dormir chez vous*.

Avant cette série, j'ai réalisé de nombreux documentaires, surtout des films animaliers, ou la couverture d'expéditions scientifiques plus passionnantes les unes que les autres. Et encore avant ça, j'étais ingénieur du son. J'ai couvert des guerres pour la chaîne américaine CBS News, j'ai été l'un des ingénieurs du son du film *Le Peuple singe* de Gérard Vienne, sélectionné à Cannes en 1989.

J'irai dormir chez vous a été une autre étape. Maintenant, il est temps que je commence à explorer d'autres voies, même si je risque de me casser la figure. Sinon je vais m'ennuyer. Et ça, c'est la pire chose qui pourrait m'arriver…

La Mongolie en quelques chiffres

Premières traces de consommation de lait de jument fermenté en Mongolie : -2000 avant notre ère.

Temps nécessaire pour monter une yourte : environ 2 h pour une personne entraînée

Nombre de chaînes de télévision mongoles : 8

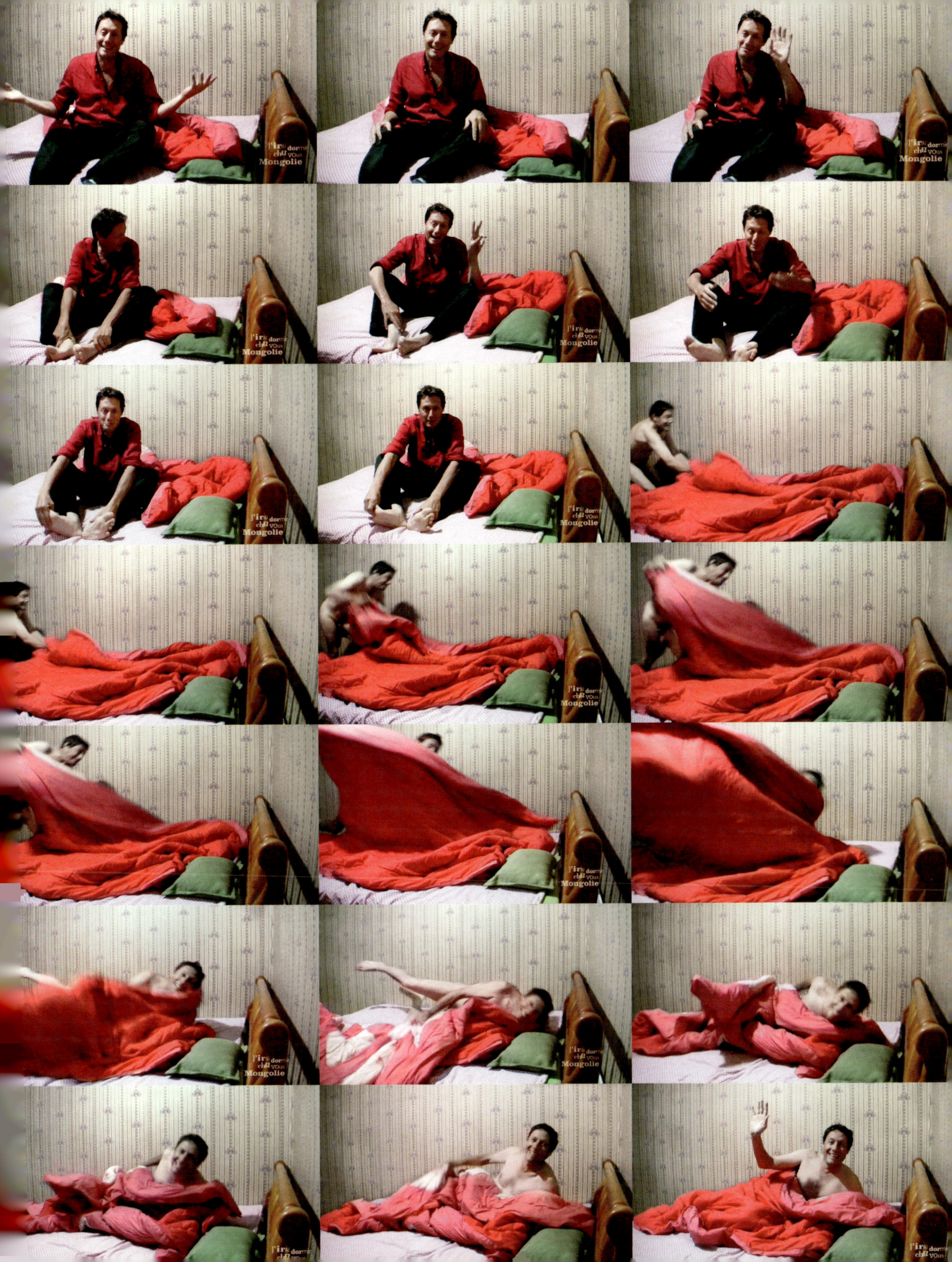

Transports

Ce que cela veut dire pour moi

J'ai toujours aimé me déplacer, me sentir autonome. Du coup, j'ai conduit toutes sortes de véhicules dans J'irai dormir chez vous. *Le plus original est un autorickshaw, un taxi-triporteur, en Inde. Pas de démarreur, le moteur se lance à la main. Il était en très mauvais état et je n'ai pas dépassé les 40 kilomètres à l'heure pour être sûr de ne rien casser. À partir du moment où tu pars avec un truc pareil, tu sais que tu peux avoir des surprises !*

À part ça, la liste est longue et variée. Quelques vélos, de nombreux scooters, dont certains étaient tellement pourris qu'ils m'ont surtout permis de rencontrer des mécanos, des motos, dont une au Cambodge avec laquelle je partais en crabe dans la boue, ou une Harley Davidson pétaradante à Hawaii.

J'ai également loué un quad, une sorte de moto à quatre roues, sur l'île de Pâques, une 4 L décapotable à Madagascar, une voiture avec la télévision en Corée. Pour l'épisode « Sud de la France », j'avais pris ma grosse moto que j'avais descendue de Paris.

Quand je n'arrivais pas à louer un véhicule, je faisais du stop, comme au Japon. J'ai même arrêté une moto-neige au Québec. En Mongolie, les gens te prennent volontiers, mais tu peux attendre des heures avant de voir passer une voiture…

Sinon, bien sûr, le véhicule dont on me parle le plus est mon corbillard rouge aux États-Unis. Il a été détruit récemment. À la fin du tournage de J'irai dormir à Hollywood, *j'ai voulu faire un détour par le Grand Canyon, mais j'ai grillé le moteur sur la route. Je l'ai laissé pendant deux ans dans un champ en Arizona.*

Et puis, j'ai eu ma belle Ambassador pour traverser l'Inde. Avec ses couleurs joyeuses, c'était un peu la voiture de Oui-Oui. J'ai eu beaucoup de plaisir à rouler avec, même si en Inde, les routes sont incroyablement dangereuses.

Bref, l'important, pour moi, lorsque je tourne J'irai dormir chez vous, *n'est pas comment je me déplace ni même où je vais, mais d'aller ailleurs.*

Ça roule pour Antoine !

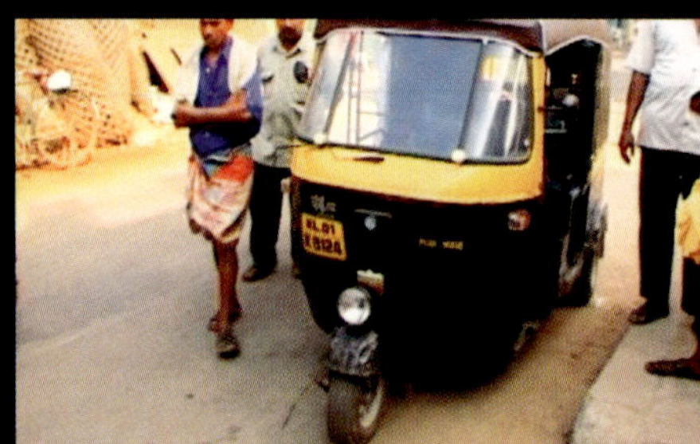

HARLEY-DAVIDSON
Hawaii

Iran

J'irai dormir à Hollywood

Pourquoi, *en 2007, nous pensons à un long métrage depuis un bon moment ?*

Pourquoi *ce tournage commence par un faux départ ?*

Pourquoi J'irai dormir à Hollywood *ne représente qu'une partie de ce que j'ai filmé sur place ?*

Pourquoi, *de La Nouvelle-Orléans à l'Arizona, je prends des risques plus ou moins raisonnables ?*

Pourquoi *cette première fois se révèle encourageante et flatteuse ?*

J'ai fait beaucoup de scène.
J'étais acteur, danseur.
Depuis l'âge de 3 ans.
Ça n'a pas été si long : 92 ans.

Avec mes producteurs, l'idée de faire un long métrage nous trotte dans la tête depuis un moment. Quand un programme télévisé marche bien, on se pose forcément la question. Pendant que je suis concentré sur les tournages des épisodes de *J'irai dormir chez vous*, Bonne Pioche demande à un monteur de prendre les meilleures séquences de la série et d'essayer d'en faire un film. Pour voir. Après quelques semaines de montage, l'idée est abandonnée : cela ressemble trop à un « best of ». C'est alors que nous décidons de lancer le projet *J'irai dormir à Hollywood*. Bonne Pioche réussit à associer France 5, Canal +, le distributeur Wild Bunch et Disney à ce film. À nous, maintenant, d'être à la hauteur !

Nous avons plusieurs réunions pour essayer de définir le long métrage que l'on aimerait faire. Et ce n'est pas simple. Ça ne doit pas être qu'une version longue d'un épisode de *J'irai dormir chez vous*. Déjà, on supprime tout l'habillage : plus de déplacements dans le pays avec l'image coupée en quatre ; *exit*, également, les « scratches » qui rythment les épisodes. Par ailleurs, on réfléchit à la manière dont je dois me situer par rapport au spectateur. Il est décidé que je ne parlerai pratiquement plus à la caméra : cela fait trop présentateur de télé. Le problème, c'est que j'ai l'habitude de me confier, et ça me déstabilise drôlement !

Il faudra aussi que je change ma manière de filmer : l'écran sera plus grand, je dois cadrer plus large et faire des mouvements moins rapides. Je fais des essais. Je tâche de me convaincre que je ne regarde pas dans le viseur d'une petite caméra, mais que je suis face à un grand écran de cinéma. J'imagine même, en bas, la silhouette des spectateurs. Et ça marche ! Je sens immédiatement quand le plan est trop serré ou si un mouvement est trop rapide.

Il y a également un énorme travail technique. Il faut changer les caméras. Pour obtenir une qualité acceptable sur grand écran, il faut de la vidéo haute définition. Or, à l'époque, il n'existe pas de paluches HD. On a demandé à la société Horus, qui me fournit les minicaméras depuis le début, de développer un prototype, mais c'est extraordinairement compliqué. Et nous prenons du retard.

Après avoir reculé mon départ de jour en jour pendant près d'un mois, je m'envole finalement début juillet pour New York. J'espère traverser le pays d'une traite, mais je vais revenir au bout de quinze jours. Faux départ, et surtout : blues total ! Pour plusieurs raisons. D'abord, lorsque j'arrive, il fait une chaleur caniculaire. Les conditions de tournage sont éprouvantes. C'est la pire des saisons pour faire ce film. Ensuite, nous nous sommes fixé comme objectif d'être prêts pour le festival de Sundance, dont la sélection est fin septembre. Avec le retard accumulé, je n'ai que six ou sept semaines pour tourner : je dois aller très vite et je me rends compte que je quitte un endroit avant d'avoir eu ce que je voulais. En outre, cette modification de planning m'oblige à annuler mes vacances avec ma fille. J'ai également quelques problèmes techniques, qui seraient si simples à régler à Paris… À cela s'ajoute le fait que je dois faire signer une autorisation à tous les gens que je filme. Et comme je n'ai pas une bonne énergie, la plupart du temps, ils refusent de signer. Enfin, pour couronner le tout, les images que j'envoie en France ne convainquent personne. Les rencontres ne plaisent pas. Démoralisé, je jette l'éponge. Tant pis pour Sundance, je rentre !

Nous faisons le point chez Bonne Pioche. Je n'ai pas envie de retourner aux États-Unis. Je pense qu'il faut réaliser le film dans un autre pays : je propose le Japon. Ils n'en montrent rien, mais mes producteurs doivent être anéantis. Ils savent que si je tourne ce film à contrecœur, il sera mauvais. Il faut que je me refasse une santé, ils me conseillent de partir en vacances… Après l'été, j'ai franchement repris la pêche. Je règle les derniers problèmes techniques et, fin septembre, je retourne

Le tournage démarre mal.

Je n'ai pas la bonne énergie. J'envoie mes images et personne chez Bonne Pioche - la production - n'est convaincu par Milton qui fait le grand écart sur les trottoirs de New York à 95 ans, ni par les Amish. Or, ils seront dans le film. Cela prouve bien à quel point un mauvais état d'esprit peut déteindre sur tout le monde.

FASHION
HOLLYWOOD
R92 SKH
ATM

RAZR

aux États-Unis. J'ai d'autant plus confiance en moi que j'ai terminé ma formation de parachutisme. Je vais pouvoir commencer par cette séquence : une chute libre au-dessus de Long Island, avec une paluche fixée sur mon poignet… En trois jours, elle est dans la boîte, et mon moral est désormais au beau fixe. J'y crois, et ça n'a plus rien à voir !

Mon énergie et ma curiosité sont aiguisées par le fait que je ne connais quasiment pas les États-Unis. J'y suis allé une fois ou deux, mais pour des raisons précises, et je n'ai rien vu du pays. Là, en 2007, j'ai envie d'en voir le maximum. Même si j'ai révisé mon programme à la baisse une fois sur place. Par exemple, j'ai abandonné l'idée de faire le tour des montagnes Rocheuses dans le Colorado : c'était déjà la saison des tempêtes de neige, et mon corbillard n'aurait pas tenu le coup. Je ne suis pas passé non plus dans deux petites villes de l'Idaho, Paris et surtout Montpellier, connue là-bas pour être la capitale de la patate.

Ça ne manquera pas : j'avais tellement de matière ! Le long métrage ne représente qu'une petite partie des rencontres que j'ai faites dans le pays. Le reste des images a permis de produire un feuilleton de huit épisodes de vingt-six minutes chacun, qui raconte un autre voyage, en passant par les mêmes lieux mais avec d'autres rencontres. Un film complètement différent.

Dans le long métrage, plusieurs séquences émergent, bien sûr, même si *J'irai dormir à Hollywood* joue sur une variation du rythme. En réalité, il s'agit d'un voyage subjectif, filmé de manière objective, mais ce n'est pas un documentaire sur les États-Unis. On y voit essentiellement les gens avec lesquels le contact a été surprenant ou intéressant. De fait, ils ne sont pas toujours représentatifs du pays, mais je reconnais que je suis plus attiré par les gens décalés que par les gens sages. Même si, parfois, c'est un peu tendu.

Ainsi, la séquence à La Nouvelle-Orléans, encore dévastée et abandonnée deux ans après l'ouragan Katrina, fait partie des moments forts. On en retient surtout le passage risqué, dans ce quartier déshérité, avec, notamment, ce type probablement défoncé qui me dit *« Show me love »*. C'est un moment particulièrement délicat, car il est visiblement très intéressé par ma caméra. Or je sens qu'il peut être violent et je n'en mène pas large. Le meilleur moyen de désamorcer cette violence, c'est de lui mettre la caméra dans les mains : s'il veut me la voler, il n'aura pas besoin de me frapper, il lui suffira de se sauver avec. Je ne vais pas risquer ma vie pour mille euros ! En fait, cette confiance que je lui accorde le déroute. Il me rend la caméra après quelques instants…

Pour la petite histoire, aussi étonnant que cela puisse paraître, il a signé l'autorisation de diffusion. Dans le film, la séquence se termine lorsque je m'en vais. Mais dans la réalité, il m'a suivi. Du coup, je suis resté près des autres pour limiter les risques d'être agressé. Et c'est là que j'ai compris ce qu'il entendait par *« Show me love »*. Il voulait juste quelques dollars pour s'acheter une bière. Je les lui ai donnés en échange de la signature du papier, dont il se fichait éperdument.

Un autre moment inquiétant du film, c'est la rencontre avec **Charlie**. Complètement déjanté, expliquant péniblement que sa mère ne s'occupe plus de lui et qu'il veut que

j'aille voir dans sa maison ce qu'il a fait : on pense tous à *Psychose*, d'Alfred Hitchcock, bien sûr… Qui sait ? Il a peut-être tué sa mère, lui aussi ! Et on a peur… J'ai une certaine appréhension lorsque je le croise. Mais d'un autre côté, je sens bien qu'il n'est pas performant physiquement et qu'il est au bout du rouleau. Ça me rassure : je n'ai pas l'impression qu'il peut me faire grand mal. En fait, je n'aurai pas la réponse à la question. Il a sûrement eu un problème avec sa mère, mais il est tellement confus qu'il m'est impossible de le savoir.

Beaucoup d'autres séquences m'ont touché, comme celle avec les Navajos, oubliés dans leur réserve sans avenir, ou celle avec Doug, rencontré dans le train, qui vit son dernier jour de liberté avant de purger quinze ans en prison. Sans oublier Richard, avec qui je passe la nuit sur la plage de Santa Monica.

Heureusement, d'autres moments plus gais compensent cette vision triste du pays, comme l'achat du corbillard, ou Milton faisant le grand écart sur les trottoirs de New York à quatre-vingt-quinze ans ! Je suis passé le voir trois ans après le tournage du film, et il n'avait pas changé : toujours aussi espiègle et enthousiaste !

Quant à mon beau corbillard rouge, celui dont tout le monde me parle encore, il a été détruit. Lorsque le tournage s'est terminé, nous avons décidé, avec la production, de l'entreposer à Las Vegas, où l'on trouvait des garages beaucoup moins chers qu'à Los Angeles. J'ai donc pris la route, mais j'ai oublié de mettre de l'huile. Et comme les voyants d'alerte ne marchaient plus, le moteur a grillé en pleine nuit. Je me suis retrouvé à faire du stop, dans la montagne, alors qu'il gelait à pierre fendre. Le lendemain, j'ai fait entreposer le corbillard dans une casse, où il est resté deux ans avant qu'on se résigne à le détruire.

Que me reste-t-il de cette expérience américaine, aujourd'hui ? D'abord, le sentiment qu'il y aurait un deuxième parcours à faire, plus au nord, de San Francisco à Boston, par exemple. Ce serait sûrement intéressant. Surtout, il y a le film proprement dit. Quand il est sorti en salle, en 2008, il a engrangé deux cent cinquante mille entrées, ce qui n'est pas mal pour un long métrage tourné par un homme seul, à la fois devant et derrière la caméra. Et puis, il a été nominé dans la catégorie « Meilleur documentaire » aux Césars. Il n'a pas été récompensé, mais me retrouver en lice avec les films de Sandrine Bonnaire, Raymond Depardon, Agnès Varda et Jacques Perrin, c'est déjà une victoire.

Et puis, à cette époque, avec Bonne Pioche, on pense déjà à *J'irai dormir à Bollywood*. Tiens, tiens… Traverser l'Inde au hasard, pour finir dans les studios de cinéma de Bombay, ce n'est peut-être pas une si mauvaise idée, ça…

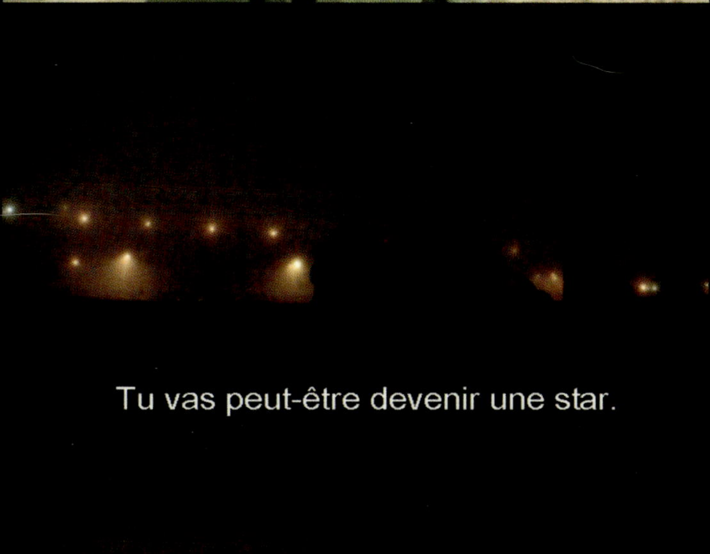
Tu vas peut-être devenir une star.

Je ne crois pas.

J'irai dormir à

Bollywood

Pourquoi *l'idée d'aller tourner à Bollywood est venue très vite, naturellement ?*

Pourquoi *mon voyage est retardé ?*

Pourquoi *il est dommage que les Indiens soient moins fous que les Américains ?*

Pourquoi *j'ai ressenti, dès mon arrivée à Calcutta, que le pays est en train de changer ?*

Pourquoi *je veux absolument rouler en Ambassador ?*

Pourquoi *les contreforts de l'Himalaya, Bénarès et Bombay sont trois endroits particulièrement marquants ?*

Stand out in the crowd
BBA / MBA
BCA / MCA
Micro-Pro
College of Management & Technology
Hack Diffe
ETHICAL HAC
Micro-Pro
Toll Free: 1800 212 8262
DEKRA

L'idée d'un film en Inde vient spontanément pendant la tournée de promotion du long métrage *J'irai dormir à Hollywood*, en 2008. Le parallèle entre les deux titres s'impose et avec mes producteurs, on se dit que ce serait une suite logique! Mais je dois d'abord tourner les six épisodes qu'il me reste à livrer à France 5 et Voyage. Ça m'occupe jusqu'en 2009. Pour une question de température, je tiens absolument à partir en hiver. J'envisage donc un départ en janvier 2010 mais France 2 compte sur moi pour fournir de petites séquences quotidiennes pendant les jeux Olympiques de Vancouver, en février. On étudie un moment la possibilité d'interrompre le tournage en Inde pour que j'aille à Vancouver, mais ce serait une erreur. Je décide de repousser mon tournage en Inde d'une année encore.

Du coup, je n'ai plus grand-chose à faire dans les mois qui viennent. Je propose aux chaînes une nouvelle livraison de cinq épisodes de *J'irai dormir chez vous*. Ce seront Hawaii, Ghana, Corée du Sud, Albanie et Mongolie. Et ce n'est qu'en janvier 2011 que je m'envole pour Calcutta. C'est parti pour trois mois de voyage, seul et sans interruption.

Je connais assez bien le pays: j'y suis allé plusieurs fois, dont une pour la série, début 2005. Et je sais que ça va être particulier avec les Indiens. Non pas qu'ils soient compliqués ou désagréables: le problème est ailleurs.

La religion est l'un des piliers de la vie en Inde. J'ai presque envie de dire que les Indiens sont en transit ici-bas : ils s'appliquent à avoir une existence irréprochable afin d'être mieux dans leur prochaine vie. C'est bien, dans la mesure où ils sont gentils, presque dociles, mais en contrepartie, on rencontre peu de personnes qui sortent de l'ordinaire.

Résultat: pendant ces trois mois, j'ai un peu l'impression de toujours rencontrer le même type de personnes. Alors j'essaie parfois de les taquiner, de jouer les trublions, mais ça ne marche pas toujours bien: la plupart du temps, les gens restent calmes, voire impassibles. Je continue à chercher l'exception, le mec différent, et heureusement, je le trouve parfois.

Autre particularité de l'Inde, le thé: on vous en offre systématiquement. Durant mon voyage, j'en ai bu des litres et des litres. C'est le préambule à tout échange, à toute amitié. Le point positif est que ce thé au lait, finement épicé, est toujours excellent.

En ce qui concerne le rapport à la caméra, l'Inde est un pays unique au monde. Les gens veulent en permanence être pris en photo. Ils n'hésitent pas à m'interpeller pour que je vienne les filmer. Je n'ai pas réussi à savoir pourquoi. Est-ce par passion du cinéma? Ou peut-être parce que, comme ils sont un milliard, ils ont besoin d'une reconnaissance pour s'extraire de cet anonymat? En tout cas, le droit à l'image, là-bas, ne pose aucun souci!

Une quinzaine d'étapes ponctuent ce périple, essentiellement dans le nord de l'Inde. De Calcutta, je suis allé à Bodhgayâ, où Bouddha a eu son illumination. Puis Bénarès, Kanpur et Lucknow, une ville plus grande où j'achète une voiture avec laquelle je ferai presque six mille kilomètres! Puis Agra, Delhi, Muzaffarnagar, les contreforts de l'Himalaya, Kedarnath, Dharamsala, Amritsar, Bikaner, Vadodara et Bombay, où je reste trois semaines... Bref, je n'ai pas chômé!

J'ai mis en scène mon arrivée à Calcutta.

Comme j'avais terminé mon film *J'irai dormir à Hollywood* en quittant Los Angeles avec un petit bateau gonflable, j'ai trouvé amusant d'arriver en Inde en canot, comme si j'avais traversé le Pacifique. Et en réalité c'est le même bateau! J'ai en effet profité d'un voyage aux États-Unis pour aller le récupérer dans mon corbillard (la voiture que j'avais achetée pendant le tournage de *J'irai dormir à Hollywood*).

Bien que ce soit la quatrième fois que je viens en Inde, c'est mon premier contact avec Calcutta. Et je suis surpris: je m'attendais à trouver la misère de l'époque de mère Teresa. Or, même si tout n'est pas rose, l'Inde devient riche. Et du coup, les pauvres sont moins pauvres.

Il y a toujours des familles qui dorment sur les trottoirs, j'en ai rencontré. J'ai été surpris quand ils me demandaient de leur offrir du chocolat. Ici, c'est un produit cher, de luxe même. Ils ne m'ont réclamé ni argent, ni nourriture, ce qui veut dire, malgré tout, qu'ils mangent à leur faim... Ils vivent sur le trottoir parce qu'ils ne sont pas assez riches pour se payer un logement.

L'Inde est un pays visiblement en train de bouger. Par exemple, dans le Nord où j'ai beaucoup circulé, les routes sont très correctes, guère moins bonnes qu'en France. Les Indiens construisent des voies rapides et des ponts un peu partout.

Après Calcutta, l'autre « événement » important, c'est... l'achat de la voiture! Avant même de partir, j'avais décidé que j'achèterais une Ambassador. À l'origine, c'est une Morris, une voiture anglaise qui date de 1954. C'est étonnant, mais elle est toujours fabriquée et aujourd'hui encore, tous les ministres se déplacent en Ambassador blanche.

Jusque dans les années 1990, on n'avait pas le choix : c'était la seule voiture disponible dans le pays. Mais depuis, elle disparaît rapidement, les Indiens préférant évidemment des modèles plus modernes et surtout plus fiables.

Je vais avoir beaucoup de mal à trouver une Ambassador, mais il est hors de question que je traverse l'Inde dans une autre voiture: j'aurais l'impression de passer à côté de quelque chose. Je finis par en acheter une à Lucknow, pour 2 000 euros.

Tant qu'elle est blanche, on me prend pour un officiel : je ne paye pas aux péages d'autoroute et je peux me garer un peu n'importe où. Mais je préfère la faire repeindre en rouge, histoire de lui donner une petite touche personnelle. Et je me dis qu'un petit liseré jaune pour réchauffer l'ensemble ne serait pas mal ! Le souci, c'est que le carrossier comprend de travers et me voilà avec une voiture rouge et jaune! Avec ses deux phares ronds sur le toit, on dirait la voiture de Oui-Oui!

On m'a prévenu, les Ambassador vieillissent mal. Effectivement, la mienne n'a que sept ans et elle atteint péniblement les cent kilomètres à l'heure. Elle est passablement rouillée par endroits, la vitre tombe dans la portière quand je la claque trop fort, et pendant mon périple, des morceaux du châssis s'arrachent en route… Pas grave, j'ai l'habitude de conduire des engins approximatifs.
À partir de ce moment, je suis un automobiliste indien. Il faut donc apprendre à conduire à l'indienne. Et ça, c'est hallucinant ! Tout d'abord on roule à gauche, dans une voiture où le volant est à droite. Ça perturbe un peu.
Mais surtout, les règles de circulation sont très différentes, dans la mesure où… il n'y en a pas vraiment. Par exemple, les autoroutes sont ouvertes à tous : on peut y voir des vélos, des tracteurs, des charrettes tirées par des bœufs… S'il n'y avait que ça, ce serait simple : le sens de circulation lui-même n'est pas clairement défini.

*Ils te posent sans arrêt la même question : **«d'où tu viens ?»** et ensuite… ils ne savent souvent plus quoi faire et t'offrent éventuellement du thé !*

Je l'ai compris dès le premier jour : alors que je suis en train de rattraper un bus roulant sur la file réservée au dépassement, près du terre-plein central, il se rabat rapidement. Je me dis qu'il veut me laisser passer. Pas du tout : il se rabat parce qu'un camion arrive en sens inverse ! Et moi, je n'ai que quelques secondes pour m'écarter aussi.
Et c'est comme ça tout le temps. Quant aux routes à double sens, c'est simple, tout le monde double. N'importe comment. Parfois, je dois carrément sortir de la route pour laisser passer une voiture qui double un bus qui, lui-même, double un camion ! Je vous jure que c'est vrai.
Quant aux voitures que l'on croise, elles sont parfois incroyablement chargées. Le record appartient à un 4x4 tellement plein qu'il y avait des gens accrochés tout autour de la voiture, d'autres sur le toit et même sur le capot avant. Ils avaient laissé un espace pour que le chauffeur voie où il allait. Et ça, c'était sur l'autoroute !
Bref, pour conduire en Inde, il ne faut pas aller vite et rester concentré. Ce n'est pas simple pour moi, parce que si je veux montrer la réalité de ce que j'ai écrit ci-dessus, je dois filmer en conduisant…
Un objet m'a particulièrement aidé pendant ce voyage, c'est le GPS. En France, je ne m'en sers pas souvent. Normal, cette machine tue la fantaisie du voyage puisque tout le monde prend la même route. Je dirais même que le gros avantage du GPS en France, c'est qu'il y a nettement moins de monde sur les *autres* routes !
Mais en Inde, il était capital pour moi d'en avoir un. En effet, dès que l'on quitte les grandes villes, les panneaux sont écrits en hindi. Il est donc impossible de suivre sa route et on gaspille beaucoup de temps à demander son chemin. Je pense que sans GPS, j'aurais perdu une semaine de tournage en demi-tours et autres changements de direction.

Syscom
मसरू बैन्ड कं०
41/114 नई सड़क, कानपुर
Ph-3028364,2152263
9336243446
Mo- 9839166965

Maintenant que je suis autonome, ma route m'emmène dans les contreforts de l'Himalaya. Ici, la vie est beaucoup plus difficile. Il fait froid la nuit, mais c'est merveilleusement calme. D'autant plus qu'on est hors saison. Il y a une chose en Inde que l'on ne mesure pas quand on ne connaît pas, c'est le bruit! Les klaxons, par exemple, sont beaucoup plus forts que chez nous. Et les automobilistes klaxonnent tout le temps. Ça me rend fou. J'ai parfois envie d'extraire un mec de sa voiture, de l'attacher à sa calandre et de bloquer son klaxon.
Deux autres endroits m'ont particulièrement marqué pendant ce périple indien. Tout d'abord, la ville sainte de Bénarès. J'y étais déjà allé pour l'épisode « Inde » de la série, mais cela reste un lieu exceptionnellement magique. L'endroit a pas mal changé en six ans. Le tourisme y est plus propre, on a chassé les rabatteurs qui harcelaient les étrangers, et on sent bien la présence dissuasive de la police. Mais les ghâts, ces fameux escaliers, restent un endroit unique. Toute l'Inde se retrouve ici dans une ferveur religieuse incomparable.
L'autre étape importante, bien sûr, c'est Bombay et les studios de cinéma, alias Bollywood! En arrivant, je veux absolument y aller. Je ne veux pas que le «Bollywood» du titre ne soit qu'une pirouette.
J'entre dans l'enceinte des studios avec ma voiture rouge et jaune, et j'arrive même à pénétrer sur les plateaux de tournage... Mon idée: essayer de me faire engager comme acteur dans l'un de ces fameux films bollywoodiens ! Mais ce sont des professionnels, et l'idée de bousculer leur scénario pour y intégrer un rigolo français, fût-il enthousiaste, ne les séduit pas du tout.
J'arrive pourtant à me faire accepter et on m'autorise à filmer. C'est le tournage d'un film à l'indienne avec des danses, c'est très amusant. C'est comme ça que je rencontre Shweta Tiwari. Elle est inconnue en France, mais c'est une star ici. Comédienne de films et de séries télévisées, elle est sortie gagnante d'une émission de téléréalité. C'est son premier jour de tournage sur ce film. Pour mesurer sa cote de popularité, je fais un sondage dans la rue: test réussi, les trois quarts des gens la connaissent. J'arriverai à me faire inviter à dîner chez elle, mais je serai un peu déçu: elle habite provisoirement dans un petit appartement en attendant que les travaux de son loft soient terminés.
Au moment où j'écris, le montage n'est pas terminé et je ne sais pas quelles séquences resteront dans le film. Quoi qu'il en soit, en trois mois, j'ai engrangé suffisamment d'images pour alimenter un film de quatre-vingt-dix minutes et dix épisodes de vingt-six minutes chacun.

Crédits

« J'irai dormir chez vous » saison 1
Idée originale Antoine de Maximy
Réalisation Antoine de Maximy
Produit par Yves Darondeau, Christophe Lioud, Emmanuel Priou
Une production Bonne Pioche et Voyage

« J'irai dormir chez vous au MALI »
« J'irai dormir chez vous au QUÉBEC »*
« J'irai dormir chez vous au VANUATU »**
« J'irai dormir chez vous en FRANCE »
© Bonne Pioche Télévision / Voyage – 2004

« J'irai dormir chez vous au JAPON »
« J'irai dormir chez vous en AUSTRALIE »**
« J'irai dormir chez vous au MAROC »
« J'irai dormir chez vous en INDE »
« J'irai dormir chez vous au CHILI »
« J'irai dormir chez vous en SUISSE »
« J'irai dormir chez vous dans le SUD DE LA FRANCE »
« J'irai dormir chez vous en BELGIQUE »
« J'irai dormir chez vous au CAMBODGE »
« J'irai dormir chez vous en CHINE »
© Bonne Pioche Télévision / Voyage – 2005

« J'irai dormir chez vous en ROUMANIE »
« J'irai dormir chez vous en ÉTHIOPIE »
« J'irai dormir chez vous dans les ÉMIRATS ARABES »
« J'irai dormir chez vous au ROYAUME-UNI »
« J'irai dormir chez vous à MADAGASCAR »
« J'irai dormir chez vous en BOLIVIE et au PÉROU »
© Bonne Pioche Télévision / Voyage – 2006

* = coréalisé par Frédéric Krettly
** = coréalisés par Juliette Hautbois

« J'irai dormir chez vous » saison 2
Idée originale Antoine de Maximy
Réalisation Antoine de Maximy
Produit par Yves Darondeau, Christophe Lioud, Emmanuel Priou
Une production Bonne Pioche

« J'irai dormir chez vous en ISRAEL »
« J'irai dormir chez vous en FINLANDE »
« J'irai dormir chez vous en POLYNÉSIE »
« J'irai dormir chez vous au PORTUGAL »
© Bonne Pioche Télévision – 2007

« J'irai dormir chez vous à CUBA »
« J'irai dormir chez vous en GRÈCE »
« J'irai dormir chez vous en IRAN »
© Bonne Pioche Télévision – 2008

« J'irai dormir chez vous au MEXIQUE »
« J'irai dormir chez vous en NOUVELLE-ZÉLANDE »
« J'irai dormir chez vous en INDONÉSIE »
© Bonne Pioche Télévision – 2009

« J'irai dormir chez vous à HAWAII »
« J'irai dormir chez vous au GHANA »
« J'irai dormir chez vous en CORÉE DU SUD »
« J'irai dormir chez vous en ALBANIE »
« J'irai dormir chez vous en MONGOLIE »
© Bonne Pioche Télévision – 2010

« J'irai dormir en Amérique »
Idée originale Antoine de Maximy
Réalisation Antoine de Maximy
Produit par Yves Darondeau, Christophe Lioud, Emmanuel Priou
Une production Bonne Pioche
© Bonne Pioche Télévision - 2010

« J'irai dormir à Hollywood »
Idée originale Antoine de Maximy
Réalisation Antoine de Maximy
Collaboration à l'écriture Arnold Boiseau
Produit par Yves Darondeau, Christophe Lioud, Emmanuel Priou
Une production Bonne Pioche

« J'irai dormir à Bollywood »
Idée originale Antoine de Maximy
Réalisation Antoine de Maximy
Produit par Yves Darondeau, Christophe Lioud, Emmanuel Priou
Une production Bonne Pioche

www.bonnepioche.fr

www.france5.fr

www.voyage.com

Remerciements

Ariane Allard
Christophe Bourges
Annie Coppens
Yves Darondeau
Patrick Denaud
Béatrice Duhamel
Anaïs Enshaian
Olivier Fontvieille
Juliette Haubois
Coralie Jugan
Marie-Hélène Lafin
Christophe Lioud
Jeanne Mascolo
Stéphane Mazalaigue
Pierre Mouret
Emmanuel Priou
Cécile Ravaux
Anne Serroy
Laura Stioui
Francis Tier

Toute l'équipe de Bonne Pioche
Et tous ceux qui ont participé à la création de ce livre.

Crédits photos :
©Caroline Douteau : p. 31, 174-175, 177 en haut, 178.

Musiciens de JDCV :
Fabrice Viel (compositeur)
Lucille Tepperman (chant)

Photogravure : Quadrilaser à Ormes
Achevé d'imprimer sur les presses de Pollina en septembre 2011 - L58165
Dépôts légal : septembre 2011
Imprimé en France